幼儿园教师、家长的 教育 智慧

宋武　主编

# 孩子，
## 我该拿你怎么办
HAIZI WOGAI NANI ZENMEBAN

西南师范大学 出版社

国家一级出版社 全国百佳图书出版单位

图书在版编目(CIP)数据

孩子,我该拿你怎么办/宋武主编. —重庆:西
南师范大学出版社,2013.8(2013.12 重印)
ISBN 978-7-5621-6373-2

Ⅰ. ①孩… Ⅱ. ①宋… Ⅲ. ①学前教育—教学研究
Ⅳ. ①G612

中国版本图书馆 CIP 数据核字(2013)第 180254 号

# 孩子
## 我该拿你怎么办

宋　武　主编

责任编辑:杨　萍　王　宁
书籍设计:王玉菊
排　　版:重庆大雅数码印刷有限公司
出版发行:西南师范大学出版社
　　　　　网址:www.xscbs.com
　　　　　地址:重庆市北碚区天生路 2 号
　　　　　邮编:400715
经　　销:全国新华书店
印　　刷:重庆紫石东南印务有限公司
开　　本:787mm×1092mm　1/16
印　　张:13.5
字　　数:280 千字
版　　次:2013 年 8 月第 1 版
印　　次:2013 年 12 月第 2 次印刷
书　　号:ISBN 978-7-5621-6373-2
定　　价:27.00 元

# 编委会
## BIANWEIHUI

# 前言
QIANYAN

　　"孩子,我该拿你怎么办"是生活中我们经常听到的一句话,无论是家长还是幼儿教师,面对 3～6 岁孩子的教育问题,都存在着诸多困扰。当孩子们制造出家长和幼儿教师所认为的"麻烦事"时,很多家长和幼儿教师会感到无所适从,即便会采取一些措施,但成人的一颦一笑,一言一行,传递出积极或消极的意义,对幼儿稚嫩而敏感的身心,都将产生非常重要的影响。鉴于此,本书精心挑选了家长和幼儿教师们比较关心的一些典型问题,对其进行透视与分析,旨在找出对家长和幼儿教师来说科学合理的教育智慧,共同促进孩子的发展。

　　全书的典型问题以案例的形式呈现,分为小班、中班、大班三篇,每个案例包含"宝贝那些事儿""背后那些理儿"和"我们那些招儿"三个部分。"宝贝那些事儿"通过展示一定的情境,描述了孩子在幼儿园阶段会出现的一些典型问题;"背后那些理儿"透视与分析了孩子出现这些问题的原因;"我们那些招儿"针对前面分析的原因,为家长和幼儿教师提供了一些简便易行的、富有针对性的、可操作性的教育智慧和建议。

　　本书面向 3～6 岁孩子的家长和幼儿教师,重视案例的典型性与可读性,用简明扼要的语言对孩子生活情境中发生的典型事件进行描述,结合孩子的家庭环境、教育环境和年龄特点分析问题背后的真实原因,力求将一些抽象的学前教育原理还原于生动具体的幼儿教育实践中,用深入浅出的语言为家长和幼儿教师提供可操作性的教育智慧和建议。

　　本书是各位编写者团体合作的结果,感谢提供照片的黄萄、杨涛、张淑亭、卓玉兵以及家长和小朋友。由于时间比较仓促,加之编写者的水平有限,书中的缺点和错误在所难免,敬请广大读者给予批评指正。

# 目录
MULU

# 小班篇

XIAOBANPIAN

　　宝贝儿3岁了，该上幼儿园了。 妈妈说：孩子在幼儿园会不会一直哭啊？ 会不会吃不饱饭，老尿裤子呀？ 爸爸说：孩子在幼儿园会不会受人欺负，遇到事不敢和老师讲呀……会吗？ 让我们一起翻开小班孩子的生活，看看家长和教师的那些智慧之招吧！

# 1 孩子要上幼儿园了，需要准备什么？

## 宝贝那些**事儿**

今年九月份贝贝就要上幼儿园了，贝贝妈妈决定在贝贝上幼儿园前带贝贝先去幼儿园玩玩，要是贝贝喜欢在那里玩，正式上幼儿园之后她就应该能很快地适应幼儿园的生活了。那几天贝贝在妈妈的陪伴下在幼儿园玩得很开心，但是当真的正式上幼儿园了，妈妈准备离开的时候，贝贝哭得很厉害，哭喊着要回家，在老师的安抚下才停止哭闹，但表现得很安静，也不怎么玩。几个星期之后，贝贝的情况才稍微好转。

## 背后那些**理儿**

### 1. 刚入园的孩子会出现分离焦虑

孩子刚入园的时候会出现一些焦虑和不适应，孩子离开家人来到陌生的环境中，会产生本能的不安全感和害怕感，因此会出现一些不良的情绪和行为，如哭闹、拒绝进食或者出现依恋某位老师等行为。家长和教师应理解孩子的这种焦虑，采取一定的准备措施，降低孩子的焦虑，帮助孩子建立对幼儿园的归属感。

### 2. 前期的各种准备能帮助孩子缩短入园适应时间

一线教师的经验总结和一些学者的研究结果都表明，孩子入园前，家长和老师可以采取一些准备措施帮助孩子更好更快地适应幼儿园的生活，例如某些家长会提前根据幼儿园作息时间调整孩子的一日安排，这样有助于让孩子尽快地适应集体的作息生活；或者是让孩子练习基本的生活技能，这样到了幼儿园孩子在这方面就不会有挫败感。

## 我们那些**招儿**

### 1. 家长可以这样做

孩子入园前的准备工作家长可以从以下几个方面入手：

◎ 入园物品的准备

入园物品的准备可以根据各个幼儿园不同情况而定，一般包括床上用品、生活用品、学习用品，甚至玩具的准备。例如，生活用品可以准备 1～2 件换洗衣物和 1～2 条毛巾，便于孩子流汗或弄脏时更换和供孩子擦手或者擦汗。

◎ 生活自理能力方面的准备

在幼儿园，吃饭、穿脱衣服、上厕所等等这些事情都必须孩子自己去做。如果孩子在进园之前并不具备一定的生活自理能力，孩子在幼儿园的生活中会遇到很多困难，就会有挫折感。所以家长要让孩子学习一些基本的生活本领，给孩子提供自我锻炼的机会，让孩子学会自己吃饭、上厕所、穿衣服等等。

◎ 心理的准备

家长要让孩子愿意并喜欢上幼儿园。家长可以提前带孩子参观幼儿园，熟悉幼儿园环境，初步感知幼儿园的生活，要让孩子觉得这里有他喜欢的玩具，可以跟很多小朋友一起玩，激发孩子愿意上幼儿园的兴趣。并且要告诉孩子上幼儿园的接送时间。"爸爸妈妈每天早上送你去幼儿园，下班后就去接你回家。"让孩子知道爸爸妈妈不是不要他了，让孩子有一个心理准备。

## 2.教师可以这样做

◎ 教室环境的准备

教师应该创设温馨的教室环境迎接孩子的到来，可以在教室里设图书角。在活动区，可以放置一些沙发、靠垫、地毯给孩子以家的感觉。整个教室墙面，室内的灯光、桌椅橱柜的摆放也要给孩子安全方便的感觉。

◎ 教师相关理论知识的准备

带班老师应该具备孩子入园适应性的相关知识，对新入园孩子心理和行为有比较深入的了解，知道如何处理孩子哭闹、情绪低落、拒绝进食等突发情况。并且与家长建立紧密的联系，主动和家长交流，了解孩子的个性特点、兴趣爱好、生活习惯等等。再根据孩子不同的个性和兴趣，采取相应的措施让孩子放松下来，尽快地使孩子适应幼儿园生活。

# 2 孩子上幼儿园书包里需要准备什么东西?

## 宝贝那些事儿

洋洋是幼儿园小班的一位小朋友,性格开朗,又有点调皮。他喜欢玩水,每次老师叫洗手的时候,他总是第一个跑到水池旁,但常常一不留神,袖子就被水给打湿了,特别是冬天的时候,袖口比较低,很容易沾到水。每次老师都从他的书包里拿出备用的衣服帮他换。他的书包里还备有手帕或者小毛巾等等。每次户外活动回来,洋洋都是满头大汗,通常在老师的指导下他都会从书包里拿出干的手帕擦脸上和背上的汗。

## 背后那些理儿

### 1. 孩子需要熟悉的用品给他带来安全感

当孩子进入幼儿园与家人分开的时候,他会对陌生的环境和人产生不安全感。家中熟悉的环境容易给孩子带来安全感,孩子入园后,面对的都是陌生的老师、小朋友以及周围的环境,感到存在不安全因素的威胁,因此孩子的书包里面可以准备一些孩子熟悉的玩具、习惯用的杯子等等,这些能给孩子带来安全感。

### 2. 孩子书包里要准备一些生活用品以备不时之需

孩子运动出汗后,老师会及时要求他用干毛巾擦汗,孩子的体质比较弱,如果不及时擦干汗,孩子容易感冒。同时,如果孩子冬天洗手时,容易弄湿衣服,孩子的衣服也要及时更换。有些孩子因为年龄小,面对陌生的环境容易紧张,也不敢向老师表达自己要去上厕所的意愿,结果尿裤子了,出现这种情况,如果家长在孩子的书包里准备有换的裤子,老师就可以帮孩子换上干净的裤子,孩子也可以避免尴尬,不然会给孩子带来挫败感,萌生不想上幼儿园的意愿。所以孩子的书包里面要准备一些干帕子、小毛巾以及几件备用的衣服。同时家长在书包里面准备了必需用品,孩子会获得一种安全感。

## 我们那些招儿

### 1.家长可以这样做

◎ 生活必需用品的准备

家长要在孩子的书包里准备换洗的衣物1～2件，便于孩子流汗或者弄脏的时候更换。这些衣服每天都要带回家清洗。同时要告诉孩子衣服弄脏或者弄湿的时候要及时更换，如果孩子太小，要告诉他自己换不了，要请老师帮忙更换。其次，家长还要准备一两条手帕或者小毛巾，用于孩子擦手或者擦汗。如果天气变化较大的话，还可以在书包里备用一个小马甲，它是孩子在幼儿园能加减衣服最好的东西。

◎ 熟悉的物品的准备

家长可以在孩子书包里准备一些孩子在家习惯用和玩耍的物品，如玩具、小毯子等。新入园的时候将孩子熟悉的物品带到园内使用，能让孩子有家的感觉，产生一定的安全感，能更快地适应幼儿园环境。

### 2.教师可以这样做

教师要利用入园和离园的时间段及时跟家长交流，让家长了解孩子在幼儿园时的情况，并在参照以往的教学经验和孩子实际情况的基础上，对孩子书包里需要放置哪些物品提出自己的建议。

# 3 孩子上幼儿园第一天,该注意什么?

## 宝贝那些事儿

幼儿园开学的第一天,幼儿园允许家长陪孩子玩一会儿。三岁的妞妞在妈妈的陪伴下来到教室,当看到教室里有很多有趣的玩具时,她很快就被吸引过去了。而妞妞妈妈却显得很不安,一直陪在妞妞身边,并不断嘱咐孩子:"妞妞,妈妈要走了啊,你记得要听老师的话,不能调皮啊。"结果原本很开心的孩子感受到妈妈的不安,哭闹了起来,妞妞妈妈更慌了:"宝宝不哭,乖,妈妈带你回家。"接下来的几天,妞妞入园的时候一直哭闹,来园也是断断续续的。

## 背后那些理儿

### 1. 家长和教师的言行举止会影响孩子的表现

家长在对待孩子入园这个问题上,要以欣赏的眼光去看待自己的宝宝,相信孩子一定可以很快地适应新的环境,并且不要让自己不安和焦虑的情绪影响到孩子。例如有位家长在送孩子来的第一天,在幼儿园的门口,向孩子介绍说:"宝宝,这里就是你的幼儿园了,你要到这里去学本领了!"并以鼓励的口吻告诉孩子,"宝宝,妈妈要上班了,相信你一定能在幼儿园度过开心的一天。"不管接下来的几天,孩子有多哭闹,妈妈总是说这么一句话来鼓励他。结果,经过一个星期的适应期,孩子已能很好地适应幼儿园的生活了。

### 2. 孩子第一天入园的经历很重要

孩子对亲近的人有一种依赖,特别是对妈妈的依恋。当孩子要离开家长独自待在陌生的幼儿园里的时候,孩子会本能地产生一种不安全感,这是孩子的分离焦虑。其次是孩子进入幼儿园之后,面对陌生的环境和陌生的面孔会产生恐惧和焦虑,这称之为"陌生人焦虑"。对于孩子来说,要战胜这两种焦虑,获得安全感和归属感,第一天他所经历的事情会很重要。俗话说:万事开头难。如果第一天与家长的分离不是很痛苦,同时老师的关注和爱给予补偿,对父母的依恋降低,他的焦虑感就会降低,入园的不适应也会慢慢得到改善。反之,他会觉得在幼儿园没有安全感,甚至会觉得家长不要他了,那么孩子可能就会抗拒来幼儿园,或者是来了幼儿园,拒绝集体活动、情绪低落等等。

## 我们那些招儿

### 1.家长可以这样做

◎ 入园时——家长应做好榜样,积极鼓励孩子

孩子第一天上幼儿园,家长首先要坚定让孩子去幼儿园的决心,并把这个信息传递给孩子,不能表现出对孩子入园的不安和担忧,这样的情绪会影响到孩子对去幼儿园这件事情的判断。其次要告诉孩子,"你已经长大了""进幼儿园之后要开始学本领了",并且告诉他你相信他能够做到,可以用"你可以做到""相信你,宝宝!你在幼儿园可以过得很开心"等等类似的话语鼓励孩子,给他信心。

其次和孩子约定下午放学就来接他,告诉他"你一放学,妈妈就来接你""妈妈一下班就来接你"。不能对哭闹的孩子用类似"再哭,妈妈下午就不接你回家了。"的言语进行恐吓,孩子出现不良情绪或者哭闹时,家长不可在孩子面前表现出不舍和留恋,或者趴在窗前偷看等等。

◎ 离园时——帮助孩子树立对幼儿园的美好记忆

首先准时或者提前来幼儿园接孩子,尽量不要等到班上只剩下一两个孩子的时候。并遵守接孩子的约定。其次可以跟孩子在幼儿园里玩一会儿,帮助他建立美好的回忆。切忌问孩子"有没有人欺负你啊""今天的饭菜好吃吗"这样只会给孩子负面暗示。

### 2.教师可以这样做

◎ 慢慢接近孩子

正如前面提到的,孩子对于陌生人有焦虑,所以第一天,教师尽量不要突然靠近孩子,只能慢慢地接近他,比如说,递给他一个有趣的玩具,和他一起玩游戏等等。

◎ 在肢体上多亲近孩子

入园的第一天,老师要向孩子表示自己的友好和和蔼,给他一种妈妈的感觉。尽量多摸摸他的头、拉拉他的手或者抱抱他,减少其对父母的依恋,增强其对老师的依赖和信任。

# 4 孩子上幼儿园一个月了还在哭闹，怎么办？

## 宝贝那些事儿

佳佳是一个三岁的小女孩，来幼儿园有一个多月了。刚入学的那几天，妈妈送佳佳到幼儿园的时候，她都会哭闹，不是拽着妈妈的衣服不放手，就是哭着喊着要回家。特别是被佳佳妈妈送到幼儿园那会儿，哭得特别厉害，有时候哭得嗓子都哑了。尽管家长跟老师看着都很心疼，但总以为孩子刚开始上学都会有些不良的情绪，哭闹几天之后就会好的。事实上，佳佳上幼儿园一个月了还在哭闹，虽然没有刚开始那样严重，但一入园就开始哭，眼泪汪汪的，眼睛里的泪就没干过。

## 背后那些理儿

### 1. 孩子对父母的依恋以及分离焦虑的出现

孩子对与其有亲密关系的家人，包括爸爸妈妈、爷爷奶奶等抚养者，有一定的生理和心理上的依赖，从而产生对亲近人的依恋，孩子对依恋对象的存在和离开比较敏感。当孩子与依恋对象分开时，会产生分离焦虑，并表现出不安的情绪和行为，比如哭闹、拒绝进食等等。3～5岁孩子的分离焦虑程度较高，随着年龄的增长会逐渐下降。

### 2. 孩子的安全需要不能得到满足

当孩子进入幼儿园与家人分开的时候，会对陌生环境和陌生的人产生不安全感。家中温馨的、熟悉的环境容易给孩子带来安全感，孩子入园后，面对的都是陌生的老师、小朋友以及周围的环境，感到存在不安全因素的威胁，甚至感觉到自己被爸爸妈妈抛弃了。因此通过哭泣来宣泄自己不安的情绪。

### 3. 孩子对生活自理的不适

在家庭生活中，孩子的自理能力比较弱，基本的日常生活还需要依赖家长的照料。进入幼儿园之后，孩子的生活发生了一些变化。若是孩子在吃饭、盥洗、上厕所等方面不具备一定的自理能力，就会在幼儿园集体活动中受挫，而自己依恋的家人没有出现在眼前，教师又无法照顾到每一位小朋友，这些变化让孩子深感挫折和不安，进而出现哭闹行为。

我们那些招儿

### 1.家长可以这样做

◎ 坚定送孩子入园的决心,控制自己的焦虑情绪

家长必须坚持天天送孩子上幼儿园,态度要坚决,要说"明天该去幼儿园了",不要说"明天去幼儿园,好不好",也不要哄骗孩子或者答应孩子的不合理要求,即使孩子天天哭闹也不能动摇。要让孩子知道自己必须上幼儿园,并确信家人会来接自己。若有可能,开始几天家长可以稍早一点儿接孩子,以免只剩下一两个小朋友,增加孩子的不安和害怕感。把孩子送到班里立刻转身走,不要一步三回头,觉得孩子哭得十分可怜,家长也两眼泪汪汪,甚至在孩子面前落泪。家长的这种焦虑情绪将会直接或间接地影响到孩子。

◎ 多抱抱孩子,多表扬孩子

家长应经常说"你真棒""你真能干"等类似的话语,让孩子真正感受到家人对他的爱,让他获得安全感和归属感。向教师了解孩子一天的表现,有细小的进步都要给予表扬。回家后多与孩子谈谈幼儿园的生活,从正面引导孩子对幼儿园生活的美好回忆,如可以问孩子"今天交新朋友了没有""今天玩了什么有趣的游戏"等等。

◎ 扩大孩子的交往范围和空间

入园前家长要有意识地扩大孩子的交往范围和活动空间,帮孩子找玩伴,让孩子和附近年龄相近的孩子多相处,引导孩子主动与他人交往,降低其对家人的依恋,初步建立交往的信任感和安全感。

◎ 提高生活自理能力

让孩子学习一些基本的生活本领,培养初步的自理能力。为了让孩子更好地适应幼儿园的生活节奏和要求,家长要有意识地培养孩子独立生活的能力,让孩子学会自己吃饭、盥洗、穿脱衣服、上厕所等等。

### 2.教师可以这样做

◎ 跟孩子建立亲密的人际关系

教师要多与孩子接触,使其感受到母亲般的亲切关爱,增强其安全感,让孩子对教师产生亲切感和依恋感。对哭闹的孩子,更应多给他身体上的接触,多抱抱他,摸摸他的脑袋。要多跟孩子闲聊,缓解入园的不适应,如问他喜欢什么样的动画片,喜欢玩什么玩具,等等。

◎ 关注哭闹孩子的表现,及时提供帮助和支持

在生活上多关心哭闹的孩子,尽量满足他的需要。当他有一点进步时,及时给予鼓励,还可在家长面前表扬孩子,给予他信心和对幼儿园的美好记忆。对于那些因陷入困境而哭泣的、不懂得请老师和别的小朋友帮忙的孩子,教师应及时介入指导。

# 5 孩子有时说不想上幼儿园,怎么办?

## 宝贝那些事儿

花花今年三岁,来幼儿园有一个多月了。每次去幼儿园时,她都会表现出极大的不情愿,并且有时会哭闹不止。最近花花对妈妈说她不想去上幼儿园了,在妈妈试图强制送她去幼儿园时,她就会拼命地哭,并且拉着家里的门或家具不放手……

## 背后那些理儿

### 1. 对父母及家人的过度依恋

孩子对与他有亲密关系的家人,有着一定的生理和心理上的依赖。孩子对依恋对象的存在和离开比较敏感,当孩子在幼儿园中较长时间见不到父母及家人时,就会产生心理上的不适应,从而对去幼儿园产生抵触心理。

### 2. 对幼儿园生活的不适应

孩子的生活自理能力比较弱,而进入幼儿园之后,很多事情都需要自己学着去做。有的孩子因为在这些方面的能力不足,就会在幼儿园集体活动中受挫,而自己依恋的家人没有出现在眼前,教师又无法照顾到每一位小朋友,这些都让孩子深感不适应,从而对幼儿园生活产生了恐惧和排斥。

### 3. 孩子在幼儿园受到了批评

孩子喜欢也需要教师和其他人的表扬和鼓励,但当他们在幼儿园中因为做错了某些事情而受到老师的批评和其他小朋友的指责时,就会认为老师和其他小朋友不喜欢自己了,从而产生不想去幼儿园的念头。

## 我们那些招儿

### 1. 家长可以这样做

◎ 家长要亲自并准时到幼儿园接孩子

当孩子因为对父母的依恋而不想去幼儿园时,家长不能因为心疼孩子而答应孩子不去幼儿园的要求,而是应该坚持亲自并准时到幼儿园接孩子。让孩子知道,和父母的分离只是暂时的,到放学的时候就可以立即见到父母。家长尽量不要托付别人来接孩子或者接孩子的时候迟到，以免增加孩子的不安情绪，从而加剧其对幼儿园的抵触心理。

◎ 家长要帮助孩子逐步适应幼儿园生活

家长可以了解幼儿园提出的有关教育孩子的具体要求，按要求给孩子安排与幼儿园相应的作息时间，缩短家庭与幼儿园生活、卫生习惯方面的距离。通过培养孩子初步的生活自理能力和良好习惯，使孩子对幼儿园有一定间接经验，从而逐渐适应幼儿园生活。

◎ 家长要帮助孩子正确面对批评

如果孩子在幼儿园因为做错事受了批评，父母要帮助孩子找出做错事的原因，教育孩子要勇于克服困难，承认并改正错误，做个坚强的孩子，并告诉孩子，只要改正了错误，还是个好孩子，老师和小朋友还是会很喜欢他。

◎ 家长要激起孩子对幼儿园生活的向往

家长可以带孩子参观幼儿园，熟悉老师，熟悉环境，感受幼儿园生活的快乐。也可以给孩子播放幼儿园小朋友们一起活动和游戏的视频，或者给孩子讲幼儿园快乐生活的故事，激起孩子对幼儿园生活的向往。

**2.教师可以这样做**

◎ 教师应多给予孩子关注，让孩子对其产生亲切感和依恋感

教师要尽量关注到每个孩子，多和孩子进行接触和交流。如：摸摸孩子的脑袋，拍拍他们的肩膀，拉拉他们的小手，亲亲他、抱抱他，使其感受到母亲般的亲切爱抚，增强其安全感，从而对教师产生亲切感和依恋感。

◎ 教师要对自理能力不足的孩子予以鼓励和帮助

对于那些自理能力不强的孩子，教师不能表露出不满或嫌弃的情绪，而是应该对其进行帮助。如：鼓励他试着自己吃饭、上厕所，并在一旁进行指导和帮助。

◎ 教师要多对孩子进行表扬

孩子都希望得到老师的表扬，当孩子表现出一定的进步时，教师要积极地予以表扬。当孩子犯错误时，教师不要只批评过就了事，而是要帮助孩子改正其错误，当孩子做出改正时，要对其进行表扬并表示很喜欢知错就改的好孩子。

# 6 孩子上幼儿园之后老生病,怎么办?

## 宝贝那些事儿

嘟嘟今年三岁,妈妈发现孩子自从上幼儿园后老爱生病,三天两头地往医院跑。嘟嘟妈妈心里直犯嘀咕,会不会是老师没有照顾好呢?想问问老师,但是又怕问多了老师烦,那应该怎么办呢?

## 背后那些理儿

### 1. 生活环境转变

刚入园的孩子出现频繁生病的现象,最根本的原因在于生活环境的转变。从一个相对单纯的家庭环境转入一个集体生活的环境,孩子难免不适应。再加上孩子在入园初期跟家人分离后的痛苦,造成孩子情绪不好,就会出现吃得不好,睡得不好等情况,面对这些转变,体质差的孩子往往很容易生病。

### 2. 家长的原因

有些家长在家里过于讲卫生,照顾得过于精细,包办代替过多,孩子生活自理能力差。孩子进入幼儿园了,卫生方面不像家里那么单一,过集体生活,交叉感染的现象必然存在;其次家长对老师缺乏信任感,孩子一生病就怪老师没有照顾好。

### 3. 老师的原因

面对刚刚入园的几十个孩子,班级老师刚开始对孩子不熟悉,对各个孩子的身体状况也缺乏适度的把握。

### 4. 气候原因

每年九月份是新生入学的时期,一般而言天气比较炎热,孩子容易出汗,抵抗力和食欲都会比较差,也容易生病。

## 我们那些招儿

### 1. 家长可以这样做

◎ 做好孩子入园前的准备工作,帮助孩子尽快适应集体生活

首先,加强对孩子的生活自理能力的培养,比如让他自己吃饭并做到不挑食、独自上厕所、独自入睡等,不能把这些事一味地推给老师,认为孩子到了幼儿园自然而然就什么都会了。

第二，在家里生活也要有规律，提前两个月做到和幼儿园的作息时间保持一致。

最后，可以提前带孩子熟悉幼儿园的环境，多给孩子讲讲上幼儿园是怎么回事，让孩子有心理准备、缓解焦虑情绪等。

◎ 面对孩子生病，要有正确的态度和方式

首先，要认识到孩子生病是很正常的现象，幼儿园孩子多，交叉感染是肯定的。日本妈妈的观念是，送孩子上幼儿园就是让孩子生病的，这种观念有一定的借鉴性。

其次，孩子生病应居家治疗，若不严重，不要急于输液打针。一般的感冒有个过程，大概一周左右。在此期间护理很重要，要让孩子多喝水，注意饮食，增强抵抗力，病情好转也不要急于送幼儿园，一定要等他痊愈了再恢复两天，再送去，不然病情容易出现反复。

最后，家庭教育的一致性，同样适用于生活要求的一致性。特别是家中有老人的，一定要和老人达成共识，不要孩子一生病，就互相责怪。良好家庭氛围的营造，对孩子身心健康发展至关重要。

◎ 遇事多沟通，和老师建立良好的信任感，做好家园配合工作

有什么疑问，直接问当班的老师，多听取老师的意见和建议，不可盲目猜测孩子在园的情况，这点至关重要。

◎ 根据气候变化，给孩子穿衣要得当

不要以自己的穿衣习惯来要求孩子，孩子天性好动，衣服应该比大人的衣服薄一些。另外给孩子在书包里多备几套衣服，方便老师及时给孩子更换，特别是夏季和冬季。

**2.教师可以这样做**

◎ 通过各种方式，帮助孩子尽快度过入园适应期

在开学前做好准备工作，比如熟悉班级孩子姓名，特别是小名，这有利于拉近和孩子的距离，和孩子尽快建立起和谐融洽的师生关系；精心创设班级环境，力求温馨舒适；让孩子带几张爸爸妈妈的合照或者是玩具，缓解分离焦虑的情绪等。

◎ 根据孩子的年龄及生理特点，加强小班孩子的生活护理工作

要提前了解孩子有无过敏史和既往病史，再针对不同个体的孩子区别对待，比如有些孩子特别怕热，就安排在离空调和风扇相对近的地方；有些孩子身体体质差，不能吹空调和风扇，就要安排在离空调和风扇相对较远的地方。寝室的床位安排亦是如此。

◎ 通过家园合作，培养孩子爱清洁、讲卫生的好习惯

首先，可以通过主题活动的形式（如生活活动：太脏我不要；认知活动：我的小手真干净等），培养孩子爱清洁、讲卫生的好习惯；其次，针对不同季节的传染病和常见病，加强对家长和孩子的宣传教育。

# 7 孩子上幼儿园都要体检什么？

## 宝贝那些事儿

东东三岁了，要上幼儿园了，东东妈妈去报名，老师告诉她，要让孩子在入园之前先去医院体检，然后每年幼儿园还要组织孩子体检。东东妈妈想：这么小的孩子抽血好痛哦，又没有什么病，何必要体检呢？另外体检项目有哪些呢，如果有问题，不知道会不会对入园有影响呢？

## 背后那些理儿

### 1. 对孩子体检缺乏正确的认识

有的家长害怕自己的孩子生长发育不是很好，或者有哮喘、贫血、先天性心脏病、癫痫等疾病，怕老师知道了就不让孩子入园等。

### 2. 家长不了解体检的项目

有的家长认为孩子没有生病就没有必要体检，而且有些家长担心医院过多地检查一些不必要的项目，多收取了体检费用。

## 我们那些招儿

### 1. 家长可以这样做

◎ 观念上要正确认识孩子体检的必要性和重要性

必要性：在国家颁发的《托儿所幼儿园卫生保健管理办法》中第十八条明确规定："儿童入托幼机构前应当经医疗卫生机构进行健康检查，合格后方可进入托幼机构。"

重要性：入园体检不仅是让幼儿园老师知道孩子的健康状况，也是让父母全面了解孩子的健康状况的重要渠道。

◎ 做好孩子体检前的准备工作

首先，要了解体检医院的上班时间，避免白跑一趟。

其次，要了解体检的要求，比如早上空腹，体检前两天最好不要吃太过油腻的食物，从体检到入园的时间间隔不能超过三个月，等等。

最后，若孩子正在生病期间，特别是传染病期间，最好不要忙着去体检，一定要等痊愈后再去体检。

**2.教师可以这样做**

◎ 不光要告知家长要给孩子进行体检，还要告知家长体检的主要内容

教师告诉家长体检的主要内容。儿童体检内容主要包括体格检查（身长、体重及评价、营养状况、听力筛查、眼睛、口腔、头颅、胸廓、脊柱四肢、咽部、心肝脾肺以及皮肤和外生殖器等发育情况）、辅助检查（主要包括血红蛋白、肝功等）。同时，医生还会向家长询问孩子的既往病史、过敏史等。

◎ 从正面引导家长，打消家长的顾虑

第一，要告知家长，除特殊情况外，体检结果不会影响孩子的入园；孩子入园是过集体生活，入园体检是最大限度地保证每个孩子的健康，也让家长放心。

第二，告知家长，既往病史和过敏史很重要，不要刻意隐瞒老师，老师了解了这些，方便老师在饮食和日常生活中对孩子的照顾，比如有蚕豆病的孩子就不能吃胡豆，对鸡蛋过敏的孩子就不能吃鸡蛋，有高热惊厥史的孩子就要特别注意孩子是否发烧，等等。

第三，告知家长，孩子抽饿血，采血量很少，对孩子的身体是没有任何影响的。另外，大部分医院现在都有无痛针，可以减轻孩子的疼痛感，家长完全没有必要太过于担心。

第四，国家颁发的《托儿所幼儿园卫生保健管理办法》中第十八条明确规定"医疗卫生机构应当按照规定的体检项目开展健康检查，不得违反规定擅自改变"，所以体检医院不会随意增加体检项目。

# 8 孩子吃不好,怎么办?

### 宝贝那些事儿

　　布布上幼儿园第一天,爸爸妈妈、爷爷奶奶有各种担心,担心布布在幼儿园会发生各种问题。最担心的就莫过于吃饭问题了。平时布布在家里吃饭要大人又哄又喂才吃几口,而且布布的口味很挑剔,不爱吃的东西坚决不吃。那到了幼儿园饭菜不合口味怎么办? 孩子吃不饱怎么办?

### 背后那些理儿

#### 1. 入园焦虑

　　入园焦虑不是单指孩子,也是指家长,我们经常会看见孩子在教室里面哭,家长在外面哭的现象。有些家长在孩子放学后,问的第一件事情就是"你吃饱了吗? 吃了几碗饭? 吃的什么?"无意中把焦虑的情绪传染给孩子。

#### 2. 对老师缺乏信任感

　　有些家长喜欢问老师孩子吃了多少,老师说吃饱了的,但是孩子一回家,还要

17

吃,家长就觉得老师没有说实话。

### 3. 溺爱孩子

现在很多孩子是独生子女,从小娇生惯养,挑食,衣来伸手,饭来张口,吃个饭满屋跑,家长就端着碗跟在后面追。

## 我们那些招儿

### 1. 家长可以这样做

◎ 了解幼儿园的食谱

一般幼儿园都会提前一周张贴下周食谱,家长可以去看看,日托的幼儿园都是准备的三餐两点或者是两餐一点,全托是三餐三点,各地各幼儿园情况略有不同。许多幼儿园的食谱都是营养师根据孩子身体发育特点特意搭配的餐点,所以正常来说孩子在幼儿园是不会挨饿的。

◎ 加强对孩子生活自理能力的培养

有的家长担心,自己家的孩子每顿饭都要喂,到了幼儿园没人喂饭孩子不吃,挨饿了怎么办。其实大多数孩子到了幼儿园,都会认真地把饭吃完,老师也会做好监督工作,监督孩子吃饱饭,保证每日所需的营养。同时,家长在家也要像老师在幼儿园里要求的一样,鼓励孩子自己动手进餐,锻炼孩子的自理能力。

### 2. 教师可以这样做

◎ 减轻家长的焦虑情绪

首先,对于刚入园的孩子,他们情绪不好,就肯定会吃得不太饱,老师可以建议家长在前两周让孩子在家里吃了早饭再入园,晚上也准备好热的晚餐;第二,在开学第二周,可以张贴一些孩子在幼儿园生活的照片,包括哭闹的、吃饭的、睡觉等等的照片,让家长及时了解孩子在园情况;第三,在每餐就餐前,老师报菜名给孩子听,并让孩子复述,方便孩子回家后跟家长说。

◎ 做好家长工作,加强家园联系,增加彼此的信任感

老师可以通过召开家长会、利用家长开放日或者邀请对孩子吃饭特别不放心的家长在孩子入园适应期过了之后,随时来班上看一下孩子的吃饭情况等方式,打消家长的顾虑。

◎ 营造良好的就餐氛围,引导孩子快乐进餐

让孩子愉快地进餐,特别是对挑食的孩子,要有耐心,不怕麻烦,适时引导,比如有的孩子坚决不吃洋葱,老师就说,这个洋葱吃了就会变得聪明,你想当聪明的宝宝吗?孩子当然想,所以会很愉快地把菜里面的洋葱吃完。

# 9 孩子在幼儿园需要吃药,怎么办?

### 宝贝那些事儿

孩子在幼儿园经常会遇到生病需要吃药的情况,那么家长带药到幼儿园应该注意些什么? 应该如何保证服药的安全性呢?

### 背后那些理儿

#### 1. 家长滥用抗生素或者退烧药等药物

在气候变化比较大的时候,经常会碰到家长带药到幼儿园,要求老师给孩子吃抗生素,用来预防感冒。还有些家长会说昨天晚上我觉得孩子有点发烧,就马上用了退烧药。

#### 2. 随意改变药物剂量、服药次数和时间

有些家长觉得孩子最近咳嗽厉害,就自作主张加大一倍或者几倍的剂量,又或者一天两次的药改成三次。还有本来该早上吃的药,由于孩子不合作,就拿到幼儿园让老师中午再喂。

#### 3. 用牛奶或者果汁给孩子吃药

由于有些药比较苦,孩子不接受,家长就自带了牛奶或者果汁饮料等到幼儿园,让老师给孩子服药。

#### 4. 用成人药代替儿童用药

有些家长比较忙,没有时间带孩子到医院,于是就在自家的药柜里随意拿了些大人的药,要求给孩子服用。

### 我们那些招儿

#### 1. 家长可以这样做

◎ 树立正确的健康观念,不要用药物来预防感冒,特别是抗生素和退烧药

我们常说"是药三分毒",抗生素本身是不能预防感冒的,90％以上的感冒都是由病毒引起的,抗生素的杀菌功能对病毒是没有用的,而且滥用抗生素很容易产生

耐药性。此外，孩子发不发烧，家长一定要先量体温，不能凭自己的感觉，若没有达到 38.5℃，一般情况下不主张用退烧药，应该以物理降温为主。家长要认识到预防感冒最重要的是需要增强孩子自身的免疫力，加强体格锻炼和合理膳食。

◎ 一定要在儿科医生的指导下用药，不能随意更改，要规范用药

给孩子服药前要仔细阅读说明书或者遵照医嘱，要按时按量给孩子用白开水服药。

### 2. 教师可以这样做

◎ 要求家长详细填写儿童带药入园的委托书，做好药品交接和登记，并请家长签字确认

儿童带药入园，家长需要填写的内容主要包括：孩子姓名、班级、药物的名称、剂量、服药的时间、方法，家长确认签字等。

◎ 检查和督促家长用药

不能家长拿什么药就给孩子吃什么药，不合乎要求的或者过期药品，一律不能给孩子服用。

◎ 提高儿童身体素质

教师要会利用日光、空气、水和器械等，有计划地进行儿童体格锻炼，并掌握适宜的运动强度，保证儿童每日不少于 2 小时的户外活动时间。

# 10 过敏体质的孩子上幼儿园，怎么办？

## 宝贝那些事儿

在幼儿园总会碰到对某些食物或者药物过敏的孩子，比如对蛋白、牛奶、海鲜、花粉、头孢、青霉素过敏等等，对于这些孩子，爸爸妈妈担心他们上幼儿园，会出现过敏情况。

## 背后那些理儿

### 1. 遗传原因

小儿过敏体质与遗传有相当大的关系，调查其家族病史，常会发现有父母遗传或隔代遗传现象，当父母一方有过敏性体质时，他们的下一代大约有50％的几率患过敏性疾病；若父母皆有过敏性体质时，他们的小孩身患过敏性疾病的几率可达90％以上。

### 2. 园方原因

目前很多幼儿园没有针对这类过敏体质孩子设置专门的餐单，主要是因为这样的孩子比较少，而且每个孩子的过敏源也不一样，实在没有办法专门为个别孩子单独开伙。

## 我们那些招儿

### 1. 家长可以这样做

◎ 在上幼儿园前，再到医院给孩子做一次过敏源筛查

这样就可以在孩子入园时，给老师一份详细的过敏食物表，老师就可以有目的地避免给孩子吃这些食物。家长每周也都要关注食谱，如有孩子过敏的食物，要再次提醒老师。

◎ 尽量远离过敏源，坚持到医院治疗

明确过敏源后，要完全避免接触过敏源。如对花粉过敏的孩子，春天不去风景区、花市等容易接触过敏源的地方；对某种食物过敏的孩子，要避免孩子食用此类

食物。此外随着孩子逐渐长大，过敏症状也会逐渐减轻，在一定年龄采取脱敏治疗，也会有比较好的效果。

◎ 加强孩子的体格锻炼

加强孩子的体格锻炼有利于增强孩子体质，提高他们对疾病的防御能力。体育活动之外，还可以充分利用空气、阳光、水进行锻炼，如开窗睡眠，使孩子吸入较冷而新鲜的空气，增加呼吸道的抵抗力；同时鼓励孩子参加户外活动，多晒太阳，用温水洗浴，或用冷水洗手、洗脸、洗脚等。在此基础上逐步开展"三浴"（日光浴、水浴、空气浴）锻炼，以取得更好的效果。

◎ 按照国家要求定期接种疫苗，但是要详细了解疫苗接种的禁忌症

如接种麻疹（对鸡蛋过敏的孩子不能接种）、百日咳、风疹等预防针，可有效地提高小儿对呼吸道传染病的免疫力，从而切断这些呼吸道传染病在人群中的传播流行。

**2.教师可以这样做**

◎ 张贴本班孩子的过敏食物表

首先，在教室醒目位置张贴本班孩子的过敏食物表，以便能起到提醒老师的作用。其次，针对过敏症状比较严重或者是不能吃的食物品种特别多的孩子，最好的办法是要求家长每天做好早餐、午餐送到幼儿园来供孩子食用，这样对孩子更安全。

◎ 尽量照顾过敏孩子

幼儿园在安排食谱的时候，尽量兼顾过敏的孩子，比如午餐有个菜里有虾等海鲜，另一个菜就不要再有海鲜，这样在主餐里至少有一样菜是过敏孩子能够吃的；对于不能喝牛奶或者吃鸡蛋的孩子，早餐可以再提供稀饭和馒头，品种尽量丰富些，过敏的孩子选择就要多些。

# 11 孩子咀嚼能力差，怎么办？

## 宝贝那些事儿

三岁的蔓蔓上小班了，每天的餐点时间都像一场战争，她吃饭时总是闭着嘴巴，不怎么咀嚼，含一会儿再慢慢吞下去，遇到稍微硬点的食物、稍微长点的菜叶子，就拒绝吃，直接吐出来，有时在老师劝说下吃下去，总是噎得眼泪汪汪，还偶发呕吐。蔓蔓的家长又心疼又茫然：孩子老是这样拒绝咀嚼，对吃饭产生抵触情绪，长得越来越瘦，脸色也不好，该怎么办？把食物嚼一嚼咽下去，这不是本能的动作吗？怎么孩子就学不会呢？

## 背后那些理儿

### 1. 咀嚼不是本能，需要学习和训练

在大人看来，咀嚼和吞咽似乎是与生俱来的能力，对孩子来说却完全不是这样。咀嚼作为消化食物、摄取营养的第一步，并不会随着孩子年龄增长而自然出现，是需要反复刺激、不断训练才能掌握的。孩子在婴儿时期习惯流质、半流质食物，开始接触固体食物时，有时会吐出来，或在吞咽时被噎到，这并不是孩子不喜欢吃这种食物，只是因为没有形成吞咽的条件反射，不能使牙齿和舌头"协同作战"。要鼓励孩子只要坚持锻炼就会逐渐适应和熟练。但家长常常爱子心切，怕孩子喉咙太细会被食物卡住，便放弃对孩子的咀嚼吞咽训练，而导致孩子变得越来越怕嚼怕咽，对吃固体食物产生抵触情绪。

### 2. 食物过于精细，缺少充分咀嚼的机会

在古代，孩子不可能有现今这样松软可口的蛋糕、面包和入口即化的果泥，他们摄入的食物需要长时间用力咀嚼，而先人患牙科疾病的几率比现代人小了很多。人类牙齿的生长是比较自由的，但是它们要排列在大小和外形都符合要求的颌骨上，如果在发育期使用不足，咀嚼肌就得不到充分的锻炼。如果把延长用力咀嚼时间也安排成一种保健操，也就可以预防大部分儿童的牙齿问题。

## 我们那些招儿

### 1. 家长可以这样做

◎ 饭菜分开盛放，拒绝汤泡饭

孩子的正餐要把饭、菜、汤分开盛放，引导孩子像成人一样有序食用，充分咀

嚼，尤其避免给孩子吃半流质的汤泡饭。汤泡饭既不能有效锻炼孩子的咀嚼能力，又不利于食物的消化吸收。家长可以带着孩子一起选购一套可爱的餐具，既可以激发孩子吃饭的兴趣，同时又淡化孩子对咀嚼的抵触情绪。

◎ 制作果条、菜条，让孩子快乐地练习咀嚼

对孩子来说，把苹果和梨子等硬性水果切成粗细均匀的水果条，比薄薄的水果片更能锻炼宝宝的咀嚼能力。因为牙齿的切碎难度和食物的厚度有关，加上棒条形的水果便于孩子自行抓握，另外，没有了正餐时间的压力，还可以提升孩子对食物的兴趣。等孩子适应了水果条的咀嚼和吞咽后，再给他吃同样形状的蔬菜条，如西芹条、莴笋条、黄瓜条还有胡萝卜条等，这样孩子就可以逐渐接受很多固体食物了。不仅如此，咀嚼蔬菜条还可以清洁孩子的牙齿，降低蛀牙、牙菌斑的发生率，是健康零食的绝佳选择。

◎ 不要"因噎废食"，重在坚持

咀嚼和吞咽的训练过程中，孩子有时会产生抵触情绪，也有可能噎住，甚至呕吐，这只是因为孩子的咀嚼能力缺乏训练，导致喉咙对粗糙的东西过于敏感，所以抗拒。此时家长们千万不要"因噎废食"而放弃训练，要坚持原则，不断引导和训练，否则任其发展，就会演变成挑食，还对孩子的消化系统产生影响，甚至影响孩子的颌骨发育和发音。

### 2.教师可以这样做

◎ 让孩子了解锻炼咀嚼能力的好处

教师可以通过科学活动让孩子了解咀嚼的好处，以及咀嚼不充分的坏处。可通过图示的直观方式让孩子了解充分的咀嚼能够刺激口腔产生唾液，让唾液与食物充分混合，促进食欲；在舌头的配合作用下，与食物充分搅拌，以提高消化酶活性，促进食物消化，有利于营养素的吸收。如果咀嚼肌得不到足够的锻炼，会影响颌骨发育，导致牙齿排列不整齐。另外，充分咀嚼还可以训练口腔、舌头、嘴唇等相应器官肌肉的协调性及灵活性，提高发音的清晰度。

◎ 及时肯定和鼓励，提高孩子的积极性

教师的关注和肯定对孩子有种无法言说的魔力，当孩子有了进步、愿意咀嚼食物时，不要吝啬鼓励的话语，让孩子体验被肯定的成就感，他们才会更有动力、更加积极主动地锻炼自己的咀嚼能力。

# 12 孩子不讲卫生，怎么办？

## 宝贝那些事儿

"老师，我不想洗"是辰辰在幼儿园里的一句口头禅。每次饭前请小朋友们洗手的时候，都会听到辰辰说这句话；每次美术活动后请小朋友洗手的时候，也会听到辰辰说这句话；还有饭后小朋友们漱口的时候，辰辰总是走到杯架前站一会儿就悄悄回来了。辰辰妈妈说，辰辰在家也不太喜欢洗脸、洗澡……

## 背后那些理儿

### 1.环境因素

成人在日常生活中不是很注意卫生习惯，言行不一致，比如：饭前便后有时洗手，有时不洗，就会给孩子造成一种误导，认为这些事情是可做可不做的，不利于孩子养成好的卫生习惯。

### 2.家庭教育方法

有些家长遇到孩子不喜欢洗脸、洗手时，就采用非常强硬的方法，迫使孩子去做这些事情，造成孩子的抵触心理，一提到洗脸、洗手就不愿意；还有些家长遇到孩子不喜欢洗脸、洗手时，容易妥协，直接包办，造成孩子的依赖心理，当要求他自己洗脸、洗手时就不愿意。

## 我们那些招儿

### 1.家长可以这样做

◎ 以身作则，讲究卫生

有意识地和孩子一起做好个人卫生工作，如，外出游戏、解大小便后对孩子说："来，我们一块洗手，把该死的细菌洗掉！""准备吃饭，大家一起去洗手吧！"

◎ 借助材料，激发兴趣

如孩子不喜欢洗脸时，家长可准备好舒适漂亮的毛巾，一个宝宝专用的质地和图案很好的脸盆，如：用故事脸盆（盆底的图案可以编成不同的故事）给孩子洗脸。在洗脸过程中，用讲故事的方法引发孩子兴趣；或准备一些洗脸的歌谣、儿歌念给他听，有节奏地念，家长边念边笑就一边把脸给他洗了；或把洗脸、洗澡变成游戏，如"泼脸节"等，家长在做的时候要显得兴奋和积极，孩子慢慢会产生兴趣的。

◎ 适当帮助，不去替代

孩子在卫生习惯的养成中遇到困难时，如当孩子不会洗手，不会刷牙时，家长要鼓励他们并教会方法，进行多次练习，而不能为了节约时间，直接替代孩子去做。

### 2. 教师可以这样做

◎ 帮助孩子建立合理的卫生常规

直接告诉孩子该怎么做，如：饭前便后要洗手，饭后要擦嘴、漱口等。在一日活动中，帮助孩子在不断重复和练习的过程中逐步学会这些生活技能。常规的养成要持之以恒，要坚持执行，不能随意改变。

◎ 采用游戏化的方式培养孩子的卫生习惯

采取符合孩子需要的轻松有趣的活动帮助孩子养成各种卫生习惯，并在日常生活中随时督促。如：吃晚饭后由值日生用布袋木偶做"小老鼠偷油吃"的游戏，让孩子在轻松的氛围中逐步养成饭后擦嘴的习惯。

◎ 通过多种途径帮助孩子明理

学习有关良好卫生习惯的故事，如讲《牙虫搬家》的故事，让孩子知道如果饭后不刷牙漱口，牙虫就会在牙齿里打很多洞并住下来，牙齿就会变得很痛。与孩子一起做实验，用显微镜观察洗手后的水，使孩子看到自己不讲卫生的结果，从情感和认知上明白为什么要讲卫生，以及良好生活卫生习惯给自己带来的好处。

# 13 孩子爱吃手指、咬指甲该怎么办?

## 宝贝那些事儿

萱萱是个三岁的小姑娘,入园后老师发现她经常吃手指、咬指甲,每天午睡时也要把手含在嘴里。萱萱妈妈也为萱萱这个爱吃手的习惯头痛不已,她告诉老师,萱萱从小就喜欢吃手、咬指甲,小手已经长了发红的厚皮,有时候咬掉了指甲边上的肉刺还会出血,她很担心长期吃手、咬指甲会给孩子的健康带来不利的影响,但是试过很多方法,如在手指上抹黄连水等苦味剂,甚至不惜打骂孩子,采取各种干预措施却没能见效。难道真像有些人说的,吃手是孩子探索世界的一种方法,会随着长大而逐渐戒除,顺其自然就会好吗?

## 背后那些理儿

### 1.“口欲期”没有得到满足

著名精神分析学家弗洛伊德认为婴儿获得各种欲望满足的主要途径是口部,“口”对孩子来说是探索世界的工具。吃手是一种自娱和自体享受的活动,一般会随着儿童其他器官发育和神经系统的不断完善而逐渐被其他行为取代。但是突然中断哺乳或在婴儿时期(一岁前)使用简单粗暴方式制止孩子吃手,孩子得不到应有的引导和满足,则会让“口欲期”延长,出现不自觉的吮指、咬物、咬唇等行为,并进一步发展为口腔不良习惯,甚至可能导致孩子将来习惯性咬人、咬物等不良行为习惯。

### 2.孩子也会有压力

情绪紧张、压力大并不是成人的专利,在心理学上来说,吮指、啃咬指甲有时反映的是一种心理情绪,往往与紧张、焦虑、压力大、沮丧、自卑、没有安全感等负面情绪有关。当孩子面临一些生活节奏的改变,比如入托、入学时,特别容易出现紧张、焦虑的情绪,在生病时也容易有沮丧、孤独的情绪,感觉自己得不到教师或家长的关注也会诱发负面情绪,部分儿童常伴有其他行为问题,如睡眠障碍、多动、焦虑、紧张不安、易哭闹等。

**1.家长可以这样做**

◎ 正视不良习惯,坚持长久的正面引导

家长首先应认识到一种不良习惯的形成有多种原因,纠正也不在一朝一夕,单纯地采取打骂或惩罚非但无益,反而会使不良行为被强烈地提醒,可能反倒被保留下来,甚至愈演愈烈,慢慢这个行为就成了孩子一个固定情绪释放的再现,那么这种不良行为可能延续到以后甚至成年。矫正过程中家长要坚定而自信,同时要对孩子有信心,采取父母监督和孩子自我监督相结合的方法,必须持之以恒。

◎ 营造轻松的家庭氛围,消除负面情绪

要积极寻找并消除引起孩子负面情绪的一切因素,及时调整和改善孩子的生活环境,给孩子更多陪伴和关爱,引导并帮助孩子培养健康的生活习惯。此外,应给孩子定期修剪指甲,防止细菌感染和表皮损伤。

**2.教师可以这样做**

◎ 让孩子了解吃手指、咬指甲的坏处,调动孩子主动克服不良习惯的积极性

在教学活动中通过学习让孩子知道手指及指甲缝藏着很多细菌,还有铅等有害物质,吃下去会影响健康。还可以请家长跟孩子一起搜一搜、查一查,看看小手究竟有什么脏东西,这样可以调动孩子的积极性,增强孩子克服不良习惯的动力和决心。家园与孩子自身三方配合,就会赢得事半功倍的成效。

◎ 适当转移注意力,让孩子的小手动起来

发现孩子正在吃手、咬指甲时,可以心平气和地拉出他的小手,同时帮助孩子适当增加手部活动,做手指游戏、搭积木、带孩子到室外活动等方式都可以转移孩子的注意力,让他的小手忙得没工夫塞进嘴里,孩子感到舒适愉快,他渐渐就不再需要通过吮指、咬指来释放情绪。

# 14 孩子总是尿裤子，怎么办？

## 宝贝那些事儿

琳琳三岁半了，连续一星期在幼儿园尿裤子，常常上完厕所不到十分钟，就对老师说："老师，我要尿尿。"只见他飞快跑向厕所，不一会儿就慢吞吞地走回教室，对老师说裤子又打湿了……

津津本来会控制大小便的，突然出现一天多次尿湿裤子，甚至还把大便拉到裤子里面的情况。对此，老师十分关注他，提醒他要不要上厕所，他总说没有，可不一会儿，坐着坐着就把裤子尿湿了，还不告诉老师，问他为什么尿裤子，他说不知道撒尿了；让他再去上厕所，他说没尿了……

晨间接待时，一位奶奶对我说："孩子在家故意尿床，把几个床上的棉絮都打湿了，昨天我晒棉絮时，他还在一旁拍手大笑，我不知道拿他怎么办？"……

## 背后那些理儿

### 1. 排泄系统发育迟缓

孩子身体发育状况各有不同，每个孩子的发育过程都是有个别性的，不能生搬硬套别的同龄宝宝的生长轨迹来判断自己孩子的发育状况，如孩子患有先天性肛门肌肉调节无力、先天性尿床症、膀胱功能成熟延迟和膀胱容量较小等病症，就难以控制自己的大小便。

### 2. 心理原因

孩子尿裤子的原因多种多样：不自信，胆小，害怕老师、家长批评和同伴嘲笑，曾经尿湿裤子被家长责骂而引起的紧张，情绪也会导致小孩尿床；如孩子因好玩的心理而故意尿床等。

### 3. 服装不适宜

有的家长喜欢给孩子穿自己喜欢的漂亮服装：如背带裤、紧身裤、公主裙等，导致孩子上厕所时来不及脱裤子将尿流在裤子里，或将裤腰打湿。

### 4. 环境的改变

孩子在家里大小便，常常一对一，家长抱着解便或使用坐便器，而幼儿园是集体上厕所，使用的是蹲便器，孩子在环境和解便器方面均不适应。

**5.注意力过于集中**

一段时间内，家长和老师过于关注孩子的如厕问题，容易给孩子形成压力，导致大小便失控。

## 我们那些招儿

**1.家长可以这样做**

◎ 保持良好的心态

对待孩子尿裤子、尿床，家长要保持良好的心态，切忌打骂和羞辱性惩罚，那样会使孩子精神更加紧张而加重尿湿裤子的现象。家长不要训斥惩罚孩子，要尊重孩子的人格，多一点儿理解，多一点儿耐心去等待孩子的成长，这是纠正尿湿裤子的重要方法。

◎ 选择方便穿脱的裤子

孩子上幼儿园，家长不要给他们穿太复杂的服装，穿得太复杂他们就难脱难解。因为孩子通常会憋到再也不能憋的时候才告诉成人，本来就比较紧张，很难控制自己，如果再加上裤子解起来不方便等不必要的挫折，那么，尿湿裤子的事就会成为经常发生的事情了。

◎ 与幼儿园教育保持一致

了解幼儿园老师所教的方法，在家里利用多种形式对孩子进行强化教育，尤其是帮助孩子学习大小便的正确方法。

**2.教师可以这样做**

◎ 留心观察，适度提醒

当孩子出现频繁尿湿裤子的现象时，老师要注意观察孩子的情况，找出原因，适度提醒，不要一味批评或包办代替，以免造成胆小害怕和过分依赖的心理。

◎ 学听指令，教给方法

教师首先要教会孩子学习听指令和按指令做事，同时教给孩子正确的方法，如教孩子怎样站在蹲便器上、脱裤子、拉扶手蹲下、拉好裤子解便等，孩子听懂了指令，掌握了上厕所的方法，尿湿裤子的现象就会减少许多。

◎ 减缓压力，增强自信

面对常常尿湿裤子的孩子，老师不要一味地指责，除了观察原因、教给方法外，还要进行积极的心理疏导，缓解孩子的心理压力，让孩子树立起信心。孩子没有尿裤子时，要给予表扬和鼓励，孩子尿裤子的现象将会减少。只要不是疾病因素引起的尿床，孩子就能改正。

# 15 孩子不睡午觉怎么办?

### 宝贝那些事儿

上小班的练练让老师有点头疼,老师总是告诉练练妈妈练练中午又没睡。练练妈妈很奇怪这孩子是怎么了,平时在家午睡挺乖的,怎么到了幼儿园睡觉就这么不听话? 更严重的是老师发现他睡不着就自言自语,有时自己玩得兴奋起来还会尖叫,有时候干脆去喊别的小朋友跟他一起玩,弄得别的小朋友也睡不好,这样下去肯定不行,可是该怎么办呢?

### 背后那些理儿

#### 1. 我想看看老师在干什么

练练告诉妈妈有一天中午睡不着,看见老师一会儿在电脑上噼里啪啦地打字,一会儿看书,一会儿还喝水吃东西,他觉得很有意思。像练练这样好奇心特别强的孩子,会惊喜于自己发现的小秘密,特别想看看每天老师在小朋友睡着之后都在干什么,有时候就算有困意也睁着眼睛强撑,兴奋起来还特别想喊小朋友跟他一起分享。

#### 2. 刚吃完饭就睡觉,肚子不舒服睡不着

有的孩子并没有私下讲话或是影响其他小朋友的行为,但是入睡很慢,该醒时又怎么都叫不醒,这样的孩子不在少数。仔细看看幼儿园的时间表,孩子们一般11:30左右开饭,基本都安排在12:00午睡,也就是说几乎一放下饭碗,孩子们就上了小床,这对消化力稍弱的孩子来说,难入睡就成了普遍问题。

#### 3. 我在家里都是什么时候想睡才睡的

孩子在入园前、入园后的周末还有假期在家的作息时间一般比较自由,睡个懒觉再起床痛快地玩一场,精力充沛的孩子到了中午根本没有睡意,到下午三四点钟累了想睡"午觉",爱子心切的家长也不忍对孩子严格要求,这种想睡就睡的作息肯定没有在园期间那么固定、有规律,使得孩子在幼儿园固定时间入睡困难。

**我们那些招儿**

### 1. 家长可以这样做

◎ 引导孩子用正确的方法喜欢和了解老师

每个学生都想知道老师在课堂以外是什么样子，好奇的小朋友更是把老师当做榜样来崇拜，对老师私下里做些什么尤其好奇。遇上这种情况，家长可以跟老师私下沟通，告诉老师孩子渴望了解老师，对老师很喜欢和崇拜，让老师放轻松，同时引导孩子学会用正确方法表达对老师的喜爱，比如跟孩子一起画一张卡片给老师。这样老师和孩子的压力都减少了，孩子找到适当的方法后，自然不会再牺牲自己的午睡时间偷偷观察老师。

◎ 配合在园作息养成午睡习惯

首先培养孩子早睡早起的习惯。刚入园的孩子想念家长，晚上回家比较兴奋，想跟家长多玩一会儿，即使困了也忍着不睡，结果第二天起床晚，进而影响午睡。因此家长不要陪孩子玩得太晚、太兴奋，睡前做一些固定动作，例如讲个故事，拥抱一下等，坚持下去就会建立条件反射，有利于孩子养成良好的睡眠习惯。另外要鼓励孩子多多活动、锻炼身体，运动量不足会导致孩子体能过剩，也会影响孩子对睡眠的需求。

### 2. 教师可以这样做

◎ 睡前散步好处多

孩子吃完午饭，最好由老师带着孩子到操场上走一走，一来促进消化，二来也可以通过散步的方式让孩子充分地放松下来，做好午睡的准备。别小看每天 15 分钟左右的散步，它让师生关系变得更加亲切和谐，对孩子身心两方面都做好午睡的准备也大有好处，孩子睡得好、身体好，最终减轻了老师的保育工作量。

◎ 创造良好的睡眠环境

新鲜清爽的空气是使孩子很快入睡的重要条件，因此室内温度不宜过高。要为孩子创造安静舒适的睡眠环境，成人的动作、言语要轻，排除一切人为的干扰。

◎ 合理安排睡眠时间

首先要保证孩子有足够的午睡时间。孩子的大脑皮层容易兴奋，也容易疲劳，在园活动半天后需要足够的休息，他们才能有充沛的精力完成下午的活动。同时，孩子的身体正在发育，睡眠时脑垂体会分泌生长激素，帮助儿童长身体，还能补充孩子夜间睡眠的不足部分，增强机体防护功能的作用。但是午睡时间也不能过长，以免影响夜间的睡眠，形成恶性循环。3 岁左右的孩子白天睡 2 小时左右为宜，夜间睡 10 小时左右，全天睡眠时间 12～13 小时。

# 15 孩子不睡午觉怎么办？

## 宝贝那些事儿

上小班的练练让老师有点头疼，老师总是告诉练练妈妈练练中午又没睡。练练妈妈很奇怪这孩子是怎么了，平时在家午睡挺乖的，怎么到了幼儿园睡觉就这么不听话？更严重的是老师发现他睡不着就自言自语，有时自己玩得兴奋起来还会尖叫，有时候干脆去喊别的小朋友跟他一起玩，弄得别的小朋友也睡不好，这样下去肯定不行，可是该怎么办呢？

## 背后那些理儿

### 1. 我想看看老师在干什么

练练告诉妈妈有一天中午睡不着，看见老师一会儿在电脑上噼里啪啦地打字，一会儿看书，一会儿还喝水吃东西，他觉得很有意思。像练练这样好奇心特别强的孩子，会惊喜于自己发现的小秘密，特别想看看每天老师在小朋友睡着之后都在干什么，有时候就算有困意也睁着眼睛强撑，兴奋起来还特别想喊小朋友跟他一起分享。

### 2. 刚吃完饭就睡觉，肚子不舒服睡不着

有的孩子并没有私下讲话或是影响其他小朋友的行为，但是入睡很慢，该醒时又怎么都叫不醒，这样的孩子不在少数。仔细看看幼儿园的时间表，孩子们一般11:30左右开饭，基本都安排在12:00午睡，也就是说几乎一放下饭碗，孩子们就上了小床，这对消化力稍弱的孩子来说，难入睡就成了普遍问题。

### 3. 我在家里都是什么时候想睡才睡的

孩子在入园前、入园后的周末还有假期在家的作息时间一般比较自由，睡个懒觉再起床痛快地玩一场，精力充沛的孩子到了中午根本没有睡意，到下午三四点钟累了想睡"午觉"，爱子心切的家长也不忍对孩子严格要求，这种想睡就睡的作息肯定没有在园期间那么固定、有规律，使得孩子在幼儿园固定时间入睡困难。

## 我们那些招儿

### 1. 家长可以这样做

◎ 引导孩子用正确的方法喜欢和了解老师

每个学生都想知道老师在课堂以外是什么样子，好奇的小朋友更是把老师当做榜样来崇拜，对老师私下里做些什么尤其好奇。遇上这种情况，家长可以跟老师私下沟通，告诉老师孩子渴望了解老师，对老师很喜欢和崇拜，让老师放轻松，同时引导孩子学会用正确方法表达对老师的喜爱，比如跟孩子一起画一张卡片给老师。这样老师和孩子的压力都减少了，孩子找到适当的方法后，自然不会再牺牲自己的午睡时间偷偷观察老师。

◎ 配合在园作息养成午睡习惯

首先培养孩子早睡早起的习惯。刚入园的孩子想念家长，晚上回家比较兴奋，想跟家长多玩一会儿，即使困了也忍着不睡，结果第二天起床晚，进而影响午睡。因此家长不要陪孩子玩得太晚、太兴奋，睡前做一些固定动作，例如讲个故事、拥抱一下等，坚持下去就会建立条件反射，有利于孩子养成良好的睡眠习惯。另外要鼓励孩子多多活动、锻炼身体，运动量不足会导致孩子体能过剩，也会影响孩子对睡眠的需求。

### 2. 教师可以这样做

◎ 睡前散步好处多

孩子吃完午饭，最好由老师带着孩子到操场上走一走，一来促进消化，二来也可以通过散步的方式让孩子充分地放松下来，做好午睡的准备。别小看每天 15 分钟左右的散步，它让师生关系变得更加亲切和谐，对孩子身心两方面都做好午睡的准备也大有好处，孩子睡得好、身体好，最终减轻了老师的保育工作量。

◎ 创造良好的睡眠环境

新鲜清爽的空气是使孩子很快入睡的重要条件，因此室内温度不宜过高。要为孩子创造安静舒适的睡眠环境，成人的动作、言语要轻，排除一切人为的干扰。

◎ 合理安排睡眠时间

首先要保证孩子有足够的午睡时间。孩子的大脑皮层容易兴奋，也容易疲劳，在园活动半天后需要足够的休息，他们才能有充沛的精力完成下午的活动。同时，孩子的身体正在发育，睡眠时脑垂体会分泌生长激素，帮助儿童长身体，还能补充孩子夜间睡眠的不足部分，增强机体防护功能的作用。但是午睡时间也不能过长，以免影响夜间的睡眠，形成恶性循环。3 岁左右的孩子白天睡 2 小时左右为宜，夜间睡 10 小时左右，全天睡眠时间 12～13 小时。

# 16 孩子入园时不愿意向老师问好,怎么办?

### 宝贝那些事儿

林林是个有点害羞的小男孩,每天早上妈妈把他送到幼儿园,都会嘱咐一句"跟老师问好",但是林林从不像其他孩子一样干干脆脆地喊声"老师早"或者"早上好",他总是默默地拉着妈妈的衣服不说话。有时候很多家长和小朋友都在,林林妈妈会又尴尬又着急地说"这孩子怎么这么没有礼貌",最后还是老师先对他说"你好",再把他牵进来。久而久之,林林妈妈开始怀疑林林不爱和幼儿园的老师打招呼是因为害怕老师,或者是在幼儿园发生了什么不愉快的事。

### 背后那些理儿

#### 1. 害羞只是孩子与生俱来的性格和脾气

孩子性格的差异是很大的,有的孩子活泼外向,对世界充满好奇;有的孩子含蓄谨慎,喜欢留一点"安全距离";还有的孩子则在两者之间反复,这些都是天生的性格表现。害羞是正常的,只是孩子性格的一部分,千万不要因为孩子没有按照大人的期望行事,就让他觉得自己"有问题"。

#### 2. 也许孩子需要你的帮助和指引

如果孩子在家里很活泼,遇到外人却变得害羞,他也许是想告诉你,他需要你教他如何与他人交往、如何回答别人的问题。孩子的社会经验与大人相比实在有限,需要家长的正确引导和适当练习,来帮助他克服对未知社交的恐惧。

### 我们那些招儿

#### 1. 家长可以这样做

◎ 根据孩子的成长阶段,为他设定与人沟通的社交目标

孩子与他人沟通能力的发展可能并不与大人的预期一致,比如自我意识正强的两岁孩子可能就不愿意与人分享自己喜欢的玩具,如果勉强他这么做,只会增加孩子对未知社交的恐惧而产生副作用。孩子通过自然地与人交往不断积累社交经验,会逐渐克服害羞的情绪,但是不要指望你的孩子在一夜之间就能好转。

◎ 接受孩子的"害羞"，但不要给他贴上标签

不管你怎么好言相劝，孩子都不肯开口跟人打招呼，的确是件让人尴尬的事情，但是责备或惩罚孩子只会让他更加厌恶与人交往。跟别人道歉，告诉别人"这孩子就是不爱说话"，只会让他更加封闭自我，失去与人交往的信心。记住，孩子并没有错，只是需要正确的引导。

◎ 如有必要，请寻求专业人员的帮助

如果害羞的问题严重影响了孩子的生活，让他不快乐、自我封闭，拒绝与人交往，你可以适当寻求专业人员的帮助，对孩子进行心理辅导或治疗。

**2. 教师可以这样做**

◎ 淡化问题，制造机会，让孩子自然地学会与人交往

如果孩子不愿意跟老师打招呼，那老师就主动跟他打招呼，并有意示范，模拟不同场景，让他观察小朋友是如何与他人交流的，长期的正确示范可以形成心理暗示，慢慢的孩子就会意识到与人交往时应该怎样做。

◎ 及时肯定和鼓励，让他知道自己可以做得更好

大家讨论问题时，如果孩子主动发表自己的意见，要邀请大家倾听，并及时地给予肯定和鼓励，比如说：林林想出的动作真好看，让我们一起跟他学一学。积极的肯定和成功的体验会让孩子对下一次的自我表达更有信心。

# 17 遇到问题孩子不向老师求助,怎么办?

### 宝贝那些事儿

妍妍在幼儿园很胆小,性格也很内向。遇到困难或是有问题时不敢跟老师说,即使想要大小便也不敢跟老师说。有一次,妍妍中午尿床了,下午起床的时候,自己直接把裤子穿上就到教室去了,一直都没有告诉老师,老师整理床铺的时候,发现她的床是湿的,问她有没有尿床,她还坚持说没有……

### 背后那些理儿

#### 1. 缺乏向教师求助的意识

小班的孩子刚从家庭生活过渡到幼儿园的集体生活,很多事情都不能自己处理,现在绝大部分家庭只有一个孩子,孩子在家时同时有几个大人在照顾,家人对孩子的照顾是无微不至,当遇到问题时,还没等孩子开口,家人就已经帮他处理好了,所以孩子并没有形成"主动向成人求助"的意识。到了幼儿园,因为孩子比较多,教师可能不能及时地关注到每个孩子的需求,所以当孩子遇到问题时,就会无所适从,不知如何是好。

#### 2. 害怕老师批评

有些小班的孩子胆小,对老师缺乏信任,做了错事,或是事情不会做的时候,害怕老师批评;或是害怕老师不提供帮助,所以不敢向老师求助。

#### 3. 害怕同伴嘲笑

小班的孩子已经开始有了初步的自尊心,如果在活动中,同样的事情大家都会做,只有他一个人不会做或做不好时,为了避免同伴笑话他,他就会选择不向教师求助。

### 我们那些招儿

#### 1. 家长可以这样做

◎ 帮助孩子建立对教师的信任

告诉孩子老师很慈祥,她很爱你们。不要对孩子说"再不听话,我就告诉老师,让老师批评你"之类的话。要让孩子感觉到，老师也像妈妈一样，是他们的朋友和保护者。

◎ 帮助孩子练习向教师求助的方法

告诉孩子当他有一些必需的要求，如小便、喝水时，可以让他轻轻地走到老师的旁边，小声地告诉老师："老师，我想小便。"或者举手告诉老师："老师，我口渴，可以喝水吗?"引导孩子对老师适当地提一些必要和简单的要求。

◎ 家园及时沟通交流

家长要和老师做一些必要的沟通和交流，让老师了解孩子的基本情况，如孩子的兴趣、习惯，以及不敢和老师讲的问题，等等，以便让老师注意和留心。从而做到有的放矢的教育和保育，给孩子更多的关注。

### 2. 教师可以这样做

◎ 开展相应的教育活动，让孩子学会求助

利用讲故事、看图学习等形式开展教育活动"老师，我想对你说……"，让孩子知道在遇到困难时，可以向老师求助，并学会求助的方法，能向老师正确地表达自己的需求。

◎ 营造轻松的教育氛围，减轻孩子的心理负担

当孩子遇到问题向老师求助时，老师要避免粗暴地对待，尽量耐心地为孩子提供帮助，当遇到需要孩子自己动手做的事情时，要给孩子讲清楚道理，鼓励孩子自己动手，并对孩子的行为给予及时的反馈，让孩子感觉到老师是可以信任、可以依赖的。

◎ 关注纵向发展，避免横向比较

老师在开展活动时，要充分考虑到孩子间的个体差异，在对孩子进行评价时，尽量不做横向比较，要多关注孩子的进步，增强孩子的自信心。

# *18* 孩子不喜欢老师怎么办?

## 宝贝那些事儿

"我不喜欢幼儿园!"是周周近段时间在幼儿园里经常对老师说的一句话。据周周妈妈反映,近段时间,早上起床后,周周老是一直哭闹,不愿意去幼儿园,说不喜欢幼儿园的老师。

## 背后那些理儿

### 1. 家长的言行误导了孩子

在很多家庭里,当孩子调皮、不听话时,家长会说"明天告诉老师,让老师批评你"。虽然有时候对家长来说,这句话能够产生一定的威慑力,让孩子的行为表现有所改观,但这句话将孩子和教师置于了对立面,让教师成为"恶魔"的化身,久而久之,孩子就会对教师产生抵抗心理,变得不喜欢教师。

### 2. 孩子在幼儿园和教师之间发生了不愉快的事情

现在很多小班的孩子都是家庭的中心,家长基本上都对孩子言听计从,从来舍不得对孩子说一句重话,再加上现在很多家长都提倡"鼓励式"教育,基本上从不批评孩子。但是在幼儿园里,当孩子做错事的时候,教师会及时地给孩子指出来,有时还会批评两句,这时在家里从没受过挫折的孩子就会变得接受不了,很伤心,因此不喜欢老师。

## 我们那些招儿

### 1. 家长可以这样做

◎ 摆正老师的位置,采用科学的教育方法

当孩子在家里不听话时,家长要摆正老师的位置,不要用老师来恐吓孩子,更不要拿老师做"挡箭牌",要用讲道理等科学的方式教育孩子。

◎ 经常和老师联系,了解孩子在幼儿园的表现

密切关注孩子在幼儿园和在家中行为的差异,想办法弄明白是什么事情让孩

子不喜欢老师的，如果是因为受到了老师的批评，你可以用和老师聊天的形式，委婉地把孩子的情况告诉老师："孩子这几天不太愿意来幼儿园，是不是和小朋友闹矛盾了？"在聊天过程中，老师会透露一些信息，如孩子将危险的珠子带到了幼儿园受到了批评。回家后，你再和孩子谈谈，比如对他说："老师和妈妈说了，小珠子很危险，不能带到幼儿园去。哪个小朋友都不许带！"让他知道，老师是为了保证他的安全，避免危险的事情发生，同时并不是针对他一个人，而是对所有小朋友都是这样要求的。

**2. 教师可以这样做**

◎ 在批评帮助孩子时，尽量采用孩子可以接受的方法

当孩子做错事情的时候，老师尽量不要粗暴对待，要用委婉的方式告诉孩子"你这样做是不对的，应该……"，当孩子认识到错误后，老师不要一而再，再而三地揪住事情不放，要给孩子改正错误的机会，同时老师也要及时地表明自己的立场，"只要你改正了错误，你就还是好孩子，老师和小朋友还是会一样地喜欢你"。

◎ 多和孩子沟通交流，建立亲密的师幼关系

小班的孩子刚从家庭进入幼儿园大集体，因为老师不可能像家长一样随时关注着每一位孩子，所以孩子们会产生失落感，认为"老师没有爸爸妈妈喜欢他"，所以这个时候，针对小班孩子的年龄特点和心理特点，老师就要多和孩子说说话、聊聊天，必要的时候还可以抱一抱孩子，亲一亲孩子，让孩子切实地感受到老师对他的爱，这样孩子也会表现得更加喜欢老师。

# 19 孩子不喜欢排队怎么办？

## 宝贝那些事儿

牛牛在幼儿园无论做什么事情都不喜欢排队。吃饭时，老师请小朋友们排队端饭，他总是走过去就直接站在餐桌旁边；滑滑梯时，老师说滑过的小朋友就站在队伍的最后，然后接着排队，可牛牛每次滑过后就直接插队到前面，从不到后面去排队；还有洗手的时候，不管去得早晚，都是直接站在水龙头的旁边，和正在洗手的小朋友一起挤着洗，完全不顾排在后边的小朋友……

## 背后那些理儿

### 1.孩子的年龄特点

小班的孩子年龄比较小，还没有学会延迟满足，想要得到的东西就想马上得到，所以就会出现不排队或插队的现象。

### 2.家庭环境的影响

在现在的家庭里，孩子基本上都是独生子女，三四个大人围着这一个孩子转，所以不管是吃饭还是什么，都是让孩子先来，以致孩子在家里根本就没有排队的意识，牛牛就是这样，吃饭时教师让他排队，他就说："在家就不用排队。"

### 3.缺乏规则意识

小班的孩子由于刚开始集体生活，还不知道"规则"的重要性，所以在行事时，就会以自我为中心，自己想怎么做就怎么做，所以就会出现不排队的现象。

## 我们那些招儿

### 1.家长可以这样做

◎ 模仿幼儿园的排队活动

在家里家长可以通过"角色扮演"游戏，有意识地培养孩子排队的习惯，爸爸扮演"教师"，妈妈和孩子扮演"小朋友"，让孩子在端饭、吃水果、玩玩具时，练习排队，按顺序轮流进行。

◎ 家长以身作则，树立榜样

家长带孩子外出活动时，在需要的场合，要自觉排队，并保持与前面人的一定距离。如：在上下楼梯时，在人多的地方购物时，在乘坐公共汽车时，要自觉遵守规则，依次排队，不拥挤，不插队。

### 2. 教师可以这样做

◎ 让孩子体验排队的重要性

教师可以通过故事讲述，引导孩子理解排队的重要性。比如说故事《小熊排队》，小熊在上公交车时，使劲拥挤，没有排队，结果被前面的小牛不小心踩到了脚，结果脚受伤了，小熊不得不到医院去看医生。让孩子从别人的故事中认识拥挤的危险性和排队的重要性。

◎ 制作标志提醒孩子排队

小班的孩子自控能力比较差，规则意识还没有很好地养成，所以教师可以在教室需要排队的地方贴上标志，提醒孩子排队，比如：餐桌前贴上红线，提醒孩子站在红线上排队端饭；便池旁贴上娃娃头像，提醒孩子们做到一个头像上站一个孩子；楼梯上贴上脚印，提醒孩子一个一个踩着脚印走……

◎ 针对孩子的排队行为提供及时反馈

小班的孩子刚进入幼儿园不久，特别希望得到老师的认可，所以当孩子自觉遵守排队规则时，教师要及时表扬；当孩子没有排队时，教师也要及时指出，并对孩子的行为提出要求。

# 20 孩子在家很开朗,在幼儿园不爱说话怎么办?

## 宝贝那些事儿

天天是一个十分内向的孩子,小班开学已经一个多月了,依然不喜欢和小朋友说话,也不喜欢和小朋友一起玩,甚至都不爱动。老师问她问题,她也只是点头或摇头,偶尔小声地简短作答。我们向天天的妈妈了解她的情况,她的妈妈却说,天天在家里是一个十分活泼的孩子,爱说爱笑。妈妈问天天在幼儿园发生的事情,天天显得很开心,没有发生什么不愉快的事情。

## 背后那些理儿

### 1.出现分离焦虑

孩子刚入幼儿园,对周围的人和事物都不熟悉,大多会出现分离焦虑。分离焦虑的表现之一就是孩子在陌生的环境下不愿说话,显得很"内向"。事实上,这是孩子将自己与陌生环境分离开来,进行自我保护的一种方法。孩子一旦适应了环境便会活泼起来,胆大的孩子很快便能适应环境,胆小的孩子则需要更多的时间。

### 2.缺乏社交方法

幼儿园是孩子迈向社会的第一步。分享、谦让、轮流等基本的社交方法对于许多孩子来说都是第一次尝试。一旦掌握不好,争抢、矛盾、委屈等负面状况就会随即而来。这些复杂的状况会让那些刚刚走进幼儿园的、缺少基本社交方法的孩子感到惶恐,在遇到一两次挫折之后就会出现畏难情绪,不敢再进行社交上的尝试,于是选择了沉默。

### 3.缺失自信心

家长的教育方式对孩子的性格养成起着非常关键的作用。有的家长过度保护孩子,导致孩子对自己的能力体验不足而缺乏自信。有的家长在平时教育中对孩子过度否定致使孩子缺乏自信心。孩子一旦缺乏自信心,就会觉得自己有些方面不如同伴,从而害怕被别的孩子嘲笑,害怕受到排挤,于是在交往之前就主动地把自己排斥在了集体之外。

## 我们那些招儿

### 1.家长可以这样做

◎ 多鼓励孩子与陌生小朋友交往

如果他不敢去，可先让他与年龄较小的孩子相处，等胆子大了再和同龄或稍大的孩子交往，最后再过渡到结识新朋友。通过这种方式让他学习跟一个小朋友玩耍，然后再慢慢学习与一群小朋友玩耍。

◎ 在班级里给他找一个住在附近的好朋友

让他们周末或者放学以后在一起玩耍。在班级里有熟悉的好朋友会让孩子更有安全感。而且，在好朋友的引导下，更容易融入其他小伙伴的活动之中。

◎ 应多带孩子到人多的地方去

让孩子接触不同的陌生环境和陌生人，见多识广的孩子不易产生怯意。同时应多鼓励孩子开口表达需求，比如让他自己询问玩具的价格、玩法等，锻炼他的胆量，自己问到了就买给他作为奖励。

### 2.教师可以这样做

◎ 应着重培养小班孩子的生活自理能力

独自穿衣、吃饭等小事对于小班孩子的自信心培养有着十分关键的作用。有了自信心，他们才会敢于表现自己。

◎ 应教给孩子一些基本的社交方法

如分享、轮流、尊重、谦让等等，并创造机会让孩子不断演练这些方法。正确的社交方法可以减少孩子在交往中遇到挫折的几率，让他们在交往中享受到更多的快乐。

◎ 应多关注这些"内向"的孩子

在他们表现好的时候多表扬、多鼓励，以增强他们的自信心；在玩互动游戏的时候，多邀请他们，并慢慢引导他们和老师、小朋友一起玩耍。

# 21 孩子不愿意自己动手做事怎么办？

## 宝贝那些事儿

起床时，小朋友有的在穿衣服，有的在穿裤子，还有的鞋子已经穿好了。小雨则坐在那儿一动不动，嘴里不停地叫着："老师，你帮我穿吧！"牛牛把自己的裤子翻来翻去，不停地哭着说："这个怎么穿呀？老师我不会！"旁边的茵茵在穿鞋，她穿了很多次都没有把脚放进鞋子里……吃饭时，小新看着桌上的饭菜不动手，老师鼓励他自己吃，只见他试了几次都没能将饭菜放进嘴里，弄得桌上、地上、脸上到处都是……

家长对孩子不愿动手做事也很苦恼，他们说："其实刷牙、拿拖鞋、收拾玩具这些事孩子是会做的，就是懒得动手，不肯自己做，如果我们坚持要他做，他就会大哭，他一哭爷爷奶奶就埋怨我们，就会帮孩子做……"

## 背后那些理儿

### 1. 家庭客观环境剥夺了孩子锻炼的机会

现在的孩子，多数来自"四二一式"的家庭中。身边有爷爷、奶奶或外公、外婆陪伴，有爸爸、妈妈跟着跑，有阿姨跟着转。在家里，孩子是典型的小皇帝，饭来张口、衣来伸手，即便是有时爸爸妈妈想让孩子自己干点事，就会有人舍不得让孩子"辛苦"，主动去帮孩子的忙。时间一长，就养成了孩子一做事就要家里人帮忙的习惯，凡事第一反应就是自己不会做，也不用做，会有人帮着做的。

### 2. 家庭教养方式养成了孩子的不良性格

◎ 隔代抚养不当，养成了孩子任性、自私、依赖的性格

因现在孩子的爸爸妈妈几乎都是独生子女，他们大都忙于事业，所以教育孩子的重担就自然而然地由长辈代劳。老人的心都比较慈善，孙子（女）多是二代独生子女，祖辈更是倍加关爱，对他们的要求有求必应；又因老人体力有限，没有那么多精力与孩子纠缠，当孩子无理取闹，不愿做事情时，老人就会包办孩子的一切事情，什么事都依着他，迁就他。祖辈长期的溺爱、袒护，让孩子逐渐形成任性、自私、依赖的性格。

◎ 家长的宠爱和娇惯，助长了孩子的依赖性

因为只有一个孩子，家长对他们疼爱有加，怕孩子累着。孩子要是让家长帮着做，家长想也没想就会帮他们做，即使想到应该多锻炼锻炼他的自我动手能力，可看到他撒娇的模样，心一软也就算了。此外，有的家长看不惯孩子磨磨蹭蹭，常常代劳，久而久之，助长了孩子的依赖性。因此，现在有些孩子，常常向大人发号施令，要大人帮他做这、做那，即使是力所能及的事情也不会自己去做。

◎ 家庭教育不一致

一般说来，孩子的爸爸妈妈对他们的教育要严格一些，常常让孩子做一些力所能及的事情。当孩子遇到困难，向爷爷奶奶"求救"时，爷爷、奶奶怕孩子受到爸爸妈妈的批评教育，不是耐心教孩子，而是出手代劳，甚至有的长辈看到爸爸妈妈批评孩子就会马上制止。

## 我们那些招儿

### 1.家长可以这样做

◎ 充分尊重，关爱有度

家长要把孩子当成是一个独立的、有自身内在要求和发展潜力的个体。因此，在生活中，家长要有意识地让孩子独立做一些力所能及的事，让孩子独立解决一些有一定难度的问题。

对孩子关爱而不娇惯。正如鲁迅所说的："一方面要真挚地爱孩子，另一方面更要严格地要求孩子。"对孩子提出的不合理要求，一定要坚持自己的原则，不要屈服于孩子的眼泪和哭闹，使孩子学到生活的本领，养成良好的习惯。

◎ 耐心教授，以身作则

"授人以鱼不如授人以渔。"培养孩子的动手能力要从生活小事做起，在实际操作中要耐心地教授孩子一些必要的解决问题的知识、方法和技巧，由简到繁，循序渐进，让孩子动手锻炼学会做事情。同时家长要以身作则，为孩子树立榜样，不要拔苗助长，要等待孩子的成长，发现进步及时地鼓励，以增强孩子成功的信心。

◎ 要求一致，持之以恒

家长之间、家园之间要时常保持联系。家长之间的教育要保持一致，如父母要求孩子做的，爷爷奶奶不要包办代替。家长要了解幼儿园的相关要求，与幼儿园教育保持一致，不要把幼儿园要求孩子做的一些事情，回家后就由家长替孩子做。只有教师、家长协调一致，共同要求，反复强化，形成巩固的条件联系，才能使孩子早

日养成动手做事的习惯,增强独立生活的能力。

### 2.教师可以这样做

◎ 以入园第一天为抓手

教师要抓住孩子第一天上幼儿园这个关键点,运用生活活动的各环节,引导孩子学习自己动手做事。当他说我不会时,老师应对他说"我教你",而不是说"我帮你",让孩子逐渐懂得自己的事情自己做,帮他们建立初步的自主、自理的意识,并教会他们一些简单的生活技能,并将所教内容及时反馈给家长。

◎ 激发孩子的兴趣

兴趣是最好的老师。教师可根据孩子的年龄特点,设计孩子乐意接受的活动。活动中,老师和孩子一起做,让孩子体会劳动后的喜悦。如在区角游戏中,提供勺子、碗、蚕豆、拉链衣服等物品,让他练习穿脱衣服、拉拉链等,在不断引导和练习中,养成习惯,以提高孩子动手的能力和兴趣。

◎ 强化孩子的独立性

孩子动手的能力与独立性有着密切的关系,它是独立性的一个基本组成部分。在培养孩子动手做些力所能及的事的同时,强化孩子的独立意识,可培养他们独立、勤劳、负责任的品质。

◎ 适当的鼓励和表扬

孩子都有上进心,当他们得到老师的肯定和赞扬时,在情绪上会产生快感,心理上会得到满足,精神上会得到鼓励。放手让孩子去实践,对孩子说"你能行",去鼓励孩子成功,能增强孩子的自尊、自信和上进心。

# 22 孩子在幼儿园总欺负别人怎么办？

## 宝贝那些事儿

贝贝是一个很调皮的孩子，我们观察到，他喜欢抢别人的东西，喜欢动手打小朋友，和小朋友一起玩的时候特别喜欢扮演奥特曼、铠甲勇士这类动画人物。小朋友们总是来告贝贝的状。对于这种情况，老师和贝贝的家长沟通过，他们也很苦恼，他们说："每次看到贝贝欺负其他小朋友，我们都批评他，有时也打他，但都没有用。"

## 背后那些理儿

### 1. 受家庭环境影响

在宠溺的家庭长大的孩子缺乏责任心，喜欢放任自己，面对挫折无法自制从而伤害他人；在冷漠、自私的家庭长大的孩子没有仁慈心，不会关爱、宽容别人；在常使用武力的家庭中长大的孩子会从屈从武力转变为信奉武力，当他们遭遇压力无法反抗或自己的要求得不到满足时，这种挫折感就会反映到行为上，用来补偿自己在家里所受的欺侮。

### 2. 缺乏正确的社交方法

有时孩子只是想和小伙伴一起玩，却不知如何引起同伴的注意，于是故意"动手"引起小伙伴的追逐；有时孩子在玩耍时太高兴，却不知如何表达自己的喜悦，于是拥抱旁边的伙伴却因用力过猛而弄疼了伙伴；在与伙伴的交往中，难免有觉得委屈的时候，孩子不知如何表达愤怒，于是伸出拳头反击。

### 3. 受现代媒体中的不良因素影响

孩子的人生观、价值观还没有形成，对一切都充满好奇，但缺乏对是非的判断能力，电影、电视、碟片、网络世界中的许多打斗场面刺激着孩子的感官，特别是追求个人英雄主义的冒险行为为儿童的攻击性行为提供了样本。

## 我们那些招儿

### 1. 家长可以这样做

◎ 营造良好的家庭教育氛围

"火药味"浓厚的家庭会让孩子感受到紧张、恐惧和压抑，从而导致孩子寻找发泄对象,去欺负别人。当父母用礼让、尊重、热情的方式处理邻里、同事、朋友关系时,孩子都看在眼里,这种无声胜有声的教育方式最能指导孩子的行为。当孩子具有攻击性行为后,家长应首先检查一下自己的教育方式与个人行为。

◎ 正确处理孩子的过失

家长如果一味责骂孩子,他的对立情绪会更强烈。家长应以关心的举动与他取得感情上的沟通,循循善诱地帮助孩子分析发生冲突的原因,提供解决问题的正确方法。当对方孩子的家长找上门时,切忌因愤怒把孩子当作发泄对象,争取用你的一腔热情化干戈为玉帛,让孩子主动承认错误并让两个孩子握手言和。

◎ 在日常生活中,家长要做个有心人

对于孩子喜欢看的电影、电视和喜欢玩的游戏家长要了解,有时可以和孩子一起看,一起玩,这样可以不失时机地帮助孩子理解什么是"正义",什么是"勇敢",让孩子懂得无端生事、欺负弱小的行为是不对的,以此来消除大众媒体对孩子产生的负面影响。

**2.教师可以这样做**

◎ 提高孩子认知和辨别是非的能力

孩子经常欺负别人,说明他在道德行为的认知上还存在着某些偏差,教师应因势利导加以纠正,告诉孩子伙伴之间要团结友爱、与人为善,利用机会教孩子学会同情和尊重,多问问孩子:"你觉得被欺负的人有什么感受?""这件事还有没有更好的解决办法?"等等。

◎ 倾听孩子,并教会孩子相应的社交方法

具有攻击行为的孩子很容易生气,教师要注意观察,善于倾听,给予他空间和时间,让孩子把心中的委屈、烦恼说出来,这样不仅可以让教师了解事情的真相,还可以让孩子通过宣泄达到心理上的解脱,情绪也会趋向平和。教师在倾听的过程中要教会孩子一些具体的处理冲突的办法。

◎ 与家长保持经常性的联系

教师应经常与家长联系,了解孩子的家庭状况,共同分析原因、商量对策并保持教育的一致性,教育的效果一定会事半功倍。与家长保持联系,能较早发现孩子的点滴进步,了解他所付出的努力,并及时给予鼓励,增强其信心,让他感受到做一名好孩子并不难。

# 23 孩子在幼儿园和家里表现不一致怎么办？

## 宝贝那些事儿

蓬蓬在幼儿园里很文静，很少和小朋友们发生争执，活动时很专心，吃饭时饭量很好，也不太挑食，是老师们公认的"好孩子"。可蓬蓬的妈妈却说：在家里，蓬蓬很调皮，经常爬上爬下，而且不管家长说什么，他都不愿意听，吃饭还要家长喂，非常任性。

## 背后那些理儿

### 1. 规则制订不同

在家里，很多家长由于初为父母，紧张焦虑的情绪使他们只做到了保护的工作，并没能做到有意识地进行规则意识的培养，这很容易让孩子形成任性的性格。而在幼儿园里，由于是集体管理，教师们会制订出相对稳定的一日活动规则，这些规则确保了孩子行为的规范化。

### 2. 规则执行力度不同

在幼儿园里，为了确保一日活动的有序进行，在孩子遵守规则方面，教师之间要求一致，并坚决执行，基本上不存在"讨价还价"的可能。而在家庭中，首先缺少相对统一的要求，常常是老人一套要求，爸妈一套规矩，这常常使孩子感到无所适从。同时"讨价还价"有时还被家长认为是孩子聪明伶俐的表现，逐渐地形成把家庭规则当成耳旁风。

### 3. 周围环境不同

在幼儿园中除了师幼关系外，还有更多的孩子间的平等关系，这样的关系能够为孩子提供平行模仿的榜样和对比的对象，可以让孩子在活动时接受一定的监督，并迫使他遵守活动规则，而在家里则缺乏这样的关系。

## 我们那些招儿

### 1.家长可以这样做

◎ 建立和幼儿园一致的一日活动规则

家长要有意识地培养孩子的规则意识,争取和教师做到步调一致,最好是能建立和幼儿园一致的活动规则。同时在规则的执行中要贯穿始终,不接受孩子的讨价还价,让孩子知道规则是必须遵守的,不容破坏的。

◎ 家庭内部协调一致

如果家里存在隔代教育的问题,年轻的父母首先要让家庭成员协调一致,不要让孩子的祖父母、外祖父母过分溺爱孩子,或者干涉父母对孩子的教育。

◎ 寻找同伴监督

家长可以为孩子找一个同伴,这个同伴最好是孩子的同班同学,并且和自己家住得比较近,这样两家人在空闲时间可以经常一起活动,让孩子在活动时有一个模仿、对比的对象,督促孩子自觉遵守规则。

### 2.教师可以这样做

◎ 及时与家长沟通交流

孩子在幼儿园期待得到老师的认可、小朋友的称赞。教师要经常同家长沟通,如果孩子在家里表现好了,就在小朋友面前表扬他。这样在家里孩子也会以在幼儿园里的标准要求自己,很快就能改正家园不一致的现象。

◎ 给孩子充分表现的机会

小班的孩子很喜欢回家后把幼儿园里发生的事情讲给爸爸妈妈听,或是模仿教师的行为,教师可以利用孩子的这些心理特点,鼓励孩子将在幼儿园学到的规则带回家里,并要求爸爸妈妈也这样做,如:吃饭时不能说话,不能挑食,不能将饭掉在桌子上,要将用过的东西及时放回原位等,这不仅在无形当中巩固了孩子学到的规则,同时也便于在家庭中建立起和幼儿园一致的规则要求。

◎ 发放孩子在家守规则情况调查记录表

老师可以在周末、长假、寒暑假期间向家长发放孩子在家守规则情况调查记录表,可根据需要列举出孩子在家应守的规则,如进餐、睡眠、看电视的规则等,家长则根据孩子的表现和孩子讨论后记录,一方面帮助家长和孩子理清规则有哪些,另一方面也可指导家长的教育行为具体而有效。

# 24 孩子不愿意跟小朋友一起玩，怎么办？

## 宝贝那些事儿

老师发现三岁的雯雯在游戏活动中不是一个人玩玩具、看书，就是在一边看着别的小朋友玩，很少跟其他小朋友一起。有时候小朋友来邀请她，她也不怎么说话，慢慢的其他小朋友也不怎么来找她一起玩了。但是雯雯妈妈说雯雯在家里很活泼，爱笑爱闹，就是不愿意跟小朋友一起玩，别人越热情她越退缩，这可怎么办呢？

## 背后那些理儿

### 1. 经常在家，不出门，接触的人较少

现在的家长大多工作繁忙，辛苦一天之后回家又要做饭、做家务、照顾孩子，渴望休息的家长常常没有精力陪孩子出去玩，孩子经常一个人在家，与玩具、电子产品为伴，一个人也玩得挺开心，慢慢地就不愿意跟其他小朋友一起玩了。

### 2. 大人的陪伴过多，缺少跟同龄人交往的经验

如今很多家庭都是爷爷奶奶、外公外婆加上父母六个人带一个孩子，陪吃、陪睡、陪玩，周到又细致的照顾让孩子享受的都是大人的陪伴，却缺少了跟小朋友玩耍的经验。

### 3. 交往能力差，遇到问题不知道怎么解决

很多孩子因为缺少交往经验而导致交往能力差，不知道如何加入小朋友正在进行的游戏或是在交往中发生矛盾不知道如何面对和解决，挫败感会让孩子对与人交往产生抵触情绪，拒绝参加群体活动。

## 我们那些招儿

### 1. 家长可以这样做

◎ 给孩子创造跟小朋友玩耍的机会

家长可以经常带孩子去小区、广场、公园等小朋友多的地方，给孩子创造跟同龄人玩耍的机会。如果孩子不愿意跟其他小朋友一起玩，不要强迫，可以先陪他在一旁看别的小朋友玩耍，增加他与人交往的兴趣，孩子看着别人玩得高兴，自然就

想加入。家长也可以邀请孩子的好朋友到自己家里玩,在熟悉的环境里玩耍,孩子更有安全感,跟他人交往的主动性也会提高。

◎ 提高交往能力从"过家家"开始

学习从模仿开始,而父母则需要起到示范作用,"过家家"是孩子最早、最易掌握的角色扮演游戏,同时也是学习与人交往的最好方式。家长和孩子可以在家里扮演玩耍中的小朋友角色,更可以模拟一些特殊场景和生活片段,这样孩子不知不觉地就在玩中学会如何与人交往了。

◎ 帮孩子想办法解决交往中遇到的问题

当孩子在与小朋友交往中发生冲突,不要过多关注谁对谁错,而是要帮助孩子抚平情绪,和他一起想办法解决问题,慢慢的孩子就会学会自己解决问题,也就不再害怕与人交往了。

**2. 教师可以这样做**

◎ 尊重孩子的独立意愿

每个孩子都有自己的独特个性,有的孩子热情开朗,喜欢与人交往;有的孩子含蓄谨慎,喜欢安静独处。作为教师首先要尊重孩子的独立意志,如果孩子只想一个人安静地玩耍,那么就给他一个相对独立的空间;如果孩子不愿意加入其他小朋友的游戏,那就请他观看小朋友怎样玩耍。

◎ 鼓励孩子参加集体活动

在集体活动中引导孩子积极参加,可以用介绍自己、加入活动、交换玩具、商量讨论等多种方法,帮助孩子学会交往。在活动中孩子主动性有所提高时,要及时给予肯定,让孩子更加自信地与人交往。

# 25 孩子把玩具带回家了,怎么办?

### 宝贝那些事儿

离园前,洪老师帮助金金整理衣服时,一个雪花片从她上衣里掉了出来,随后又在她的口袋里找到了几个雪花片。洪老师问她:"雪花片是哪里的?"她说:"玩具架上的",洪老师又问:"那它们什么时候跑到你口袋里了?"她回答说:"我没有玩够,想拿回家玩的。"

过了几天,孩子入园时,琪琪奶奶在送琪琪时,拿来了好几个太阳积木(这是小朋友最喜欢玩的一种积木了),奶奶告诉洪老师,这是在整理孩子玩具柜时发现的,琪琪说是他悄悄从幼儿园拿回家"藏"在玩具柜里的……

又过了几天,鹏鹏家长拿着一辆小车来问洪老师:"老师,鹏鹏说这是他在幼儿园帮助小朋友,老师奖励给他的,是这样的吗?"洪老师惊讶地说"没有啊!……"

### 背后那些理儿

孩子将幼儿园的玩具带回家,这种现象在孩子中并非少见,究其原因:

#### 1. "物权"界限不清

小班的孩子已有财产的概念,但对其界限并不十分清晰,他们分不太清楚幼儿园的东西和自己喜欢的东西有什么特别的不同。

#### 2. 自控能力差

有时尽管孩子知道什么是对的、什么是错的。可是孩子们不能约束自己的行为,总希望拥有自己喜欢的东西,并且会想办法获取他们想要的来补偿心理上的落差。

#### 3. 家教不当

一是家长视孩子的要求为圣旨,要什么满足什么,使孩子心中没有是非标准,想要什么东西就会毫无顾忌,甚至不择手段;二是对孩子的合理要求不满足,不加解释地拒绝,就会使孩子感到失望,就可能导致孩子"偷拿"别人的东西满足自己的欲望,一旦尝到甜头,就会故伎重演。

#### 4. 偶然强化

孩子偶然把玩具带回家了,家人却不以为然,这种偶然发生的行为被不断强化、暗示,孩子就会不断地重复此行为。

## 我们那些招儿

### 1.家长可以这样做

◎ 做好表率

家长是孩子的第一位老师,是孩子的一面镜子,家长的言传身教对孩子的影响至关重要,因此家长平时就要以身作则,有意识地培养孩子正确的待人接物的方式。

◎ 家庭教育要一致

首先,对待一件事情,家人之间需要沟通、统一认识。"不以善小而不为,不以恶小而为之",否则孩子的价值观就会处于混乱的状态,孩子就会钻空子,说谎话。

其次,家庭成员的行动要坚决。当家长发现孩子把幼儿园的玩具带回家,如果离幼儿园近,就应该马上和孩子一起把玩具送回幼儿园交给老师,让孩子意识到事情的重要性和家长坚决的态度。

◎ 帮孩子建立初步的物权概念

让孩子明白"自己的"和"别人的"是两个概念,自己的东西自己可以任意支配,别人的东西,需要征求别人的同意,倘若别人不同意,自己便拿回家,是不对的。

◎ 及时与老师沟通

当第一次发现孩子把幼儿园的东西拿回家时,千万不要刻意隐瞒或随意打骂孩子,要严肃对待,采取正面教育的方式,让孩子认识错误,改正错误,同时及时与老师沟通,共同观察孩子行为的动机和规律性,帮助孩子克服这个毛病。

◎ 反思家中的玩具

看看购买的玩具是否符合孩子的年龄特点和思维发展规律,是否既能满足孩子的探索欲望,又能给孩子带来足够的自信和快乐,以避免孩子对玩具产生厌倦和疲惫。

### 2.教师可以这样做

◎ 问明原因,明确自己的反对态度

当教师发现孩子有带幼儿园玩具回家的现象时,老师要明确地告诉孩子,这个东西是幼儿园的,它的"家"在幼儿园。幼儿园的东西是给所有小朋友一起玩、一起用的,而不是只给他一个人的。同时还要注意保护孩子的自尊心,切不可顾及面子,错失教育时机。

◎ 帮助孩子树立正确的是非观

让孩子懂得,悄悄将幼儿园的玩具带回家是一种不良的行为,想要别人的东西,必须经过别人同意。

◎ 通过故事、儿歌等多种形式

让孩子知道不可以不经过主人的同意拿别人的东西,如果太喜欢别人的玩具,可以拿自己的玩具和他换着玩。这样既提高了孩子分辨是非的能力,同时也找到了解决的办法。

# 26 孩子想要的东西必须马上得到，怎么办？

## 宝贝那些事儿

分享图书的时间到了，小朋友有序地拿着自己的书到座位上，米米拿着自己的书对路路说："我们交换看好吗？"路路就把自己的书伸手递给他，米米高兴地看着书，坐在一旁的柳柳也被这本书吸引了。突然，他伸手就去拿米米手里的书，还大声说着："我看，我看……"，米米说："路路是跟我换书的，你和小西换吧，他也有。"边说边将书拿在手里。"不，我就要这本。"柳柳边说边用两只手捏着书的一角与米米拉扯，一边还大声喊着："老师，他抢我的书……"

活动区游戏时，小朋友依次自选，可柳柳椅子都没有放好，就跑向了娃娃家，推开排在前面的 2 个小朋友，一边嚷着："让我，让我"，一边伸手将"切面包玩具"拿走……当老师就这事与他家长交流时，他妈妈也正为这类事烦心，她告诉老师："领孩子逛商店时，孩子非要买家里已买过的遥控汽车，不给他买，他就在地上打滚，引来周围人的围观。"

## 背后那些理儿

### 1. 错把任性当个性

当孩子想要东西无理取闹、任性时，家长认为孩子是有个性，有自己的主见，能坚持自己的观点与行为，不违心屈从，不随风摇摆，但并没有仔细分析孩子所坚持的行为是否合理，不注重对孩子行为规范和自我约束意识的培养。

### 2. 家庭教育不给力

在隔代抚养成为中国特色的今天，祖辈因精力、体力有限，过分溺爱等一味地放纵孩子；父母在教育孩子时因不愿和孩子"纠缠"，放弃原则而不尽教导的责任，一味妥协、迁就，期待孩子将来自动会"变"好，助长了孩子的任性行为。

### 3. 生理发展的"逆反期"所致

三周岁左右的孩子正处于生理发展的"逆反期"，这个时期的孩子渴望独立，什么事都想自己做，自己尝试，但父母无视孩子生理和心理的发展规律，一味地限制、保护和简单干预，违背了孩子的意愿和身心发展规律，形成了孩子愈来愈逆反的心理。

### 4. 同伴之间交往机会缺乏

随着人们居住条件的改善，"高楼儿童"逐渐增多，有些孩子很少有机会与小伙伴一起玩。同伴的缺乏，导致孩子互助、合作意识的缺失和谦让、自制行为的不易养成。

## 我们那些招儿

### 1.家长可以这样做

◎ 表现对孩子的爱

家长要了解孩子的心理特点,当孩子想要东西无理取闹、任性时,家长要保持冷静,不要对孩子发火,可温柔、温和地和孩子讲话,或让孩子听听音乐、讲讲有趣的事情来转移注意力,或靠近孩子抱抱他,使他安静下来。如孩子表现出一点控制自己的能力时,家长要有针对性地表扬他。

◎ 学会对孩子说"不"

当孩子为了满足自己的任性而要挟家长时,当孩子因为得不到某一样东西而大发脾气时,家长应不予理睬,坚决地说"不"。特别要注意的是,一旦对孩子说了"不",就不能随便地改口。只有这样"狠下心来",孩子才能不断得到培养和锻炼,成为心理健康发展的孩子。

◎ 冷处理

孩子为了引起成人关注,有时故意要这要那,甚至停留在商店店铺前大哭大闹或在地上打滚。面对这种情况,家长要保持冷静的态度,学着远离孩子或当旁观者,冷静观察事态发展,当孩子平静后再跟他说理。切不要因为怕别人说自己的孩子不听话,觉得没面子而放弃原则,给孩子用任性要挟父母的机会。因为孩子一旦掌握了任性哭闹这个要挟大人的"法宝",就会无休止地恶性发展下去,到时再想解决就很难办了。

◎ 延迟满足

家庭教育中要有意识地对孩子进行学会等待、克制等方面的教育,当孩子已有一定的自控能力时,可适当延长孩子等待时间,以促进孩子延迟满足、控制自我欲望能力的提高。如当孩子要玩具时,你可以对他说妈妈在做事,大概过2分钟就给你拿,等孩子能明白这句话中大概意思的时候,就可以稍加延长延迟满足的时间,可以从几分钟延长到一二十分钟或更长。

### 2.教师可以这样做

◎ 读懂孩子的心

当孩子因想要的东西没马上得到而大吵大闹时,要找出原因所在,读懂孩子的心。站在孩子角度,用孩子的眼光看世界,用孩子的心感受生活,在教育孩子的时候就会多一些顺利,少一些失误。

◎ 在集体活动中规范孩子行为

集体活动都是有规则的,遵从集体规则是参与集体活动的前提。孩子天性就不喜欢孤独,所以,让孩子到伙伴中去,到集体中去,是破除任性、自我中心的最好途径。

# 27 孩子不爱看书怎么办？

## 宝贝那些事儿

自选活动的时间到了，孩子们大多选择了大型玩具、建构玩具、角色游戏等活动，阅读区则寥寥数人。我们注意到，在阅读区里的孩子，往往也是拿着一本书，看不了多久就换另外一本书，或者把书当作玩具，拿着书到处追跑或卷着书当话筒等。个别孩子甚至反感读书，一到读书时间就吵吵着要出去玩。

## 背后那些理儿

### 1. 缺乏阅读环境

家长没有为孩子创造良好的阅读条件与氛围。家里没有适合孩子看书的桌椅，没有为孩子选购适合孩子的优秀读物。同时，许多家长自己也没有看书的习惯，对阅读完全没有兴趣，他们无法为孩子做出阅读的表率，因而孩子在家庭里根本无法感受到阅读给人们带来的乐趣，也不会觉得阅读是每个人必须要做的事。

### 2. 图书不适合孩子的年龄特点与兴趣需求

小班孩子因无意注意占优势，所以图画简明夸张、形象生动活泼、色彩鲜艳漂亮的读物更能够吸引孩子注意。优质绘本是家长的重要选择。同时，小班孩子阅读理解能力非常有限，他们在自主阅读时更喜欢选择老师、家长曾讲过或曾在电视上看过的图书，也更喜欢且需要成人在旁辅助阅读。成人不了解孩子的这些特点便判定孩子不爱阅读，实际上是不准确的。

### 3. 成人在与孩子阅读过程中，过分重视知识教育

"日本图画书之父"松居直先生在《幸福的种子》指出："图画书对孩子没有任何'用途'，不是拿来学习东西的，而是用来感受快乐的。"然而许多成人却把图画书当成了识字认物、习得人生道理的工具。整个阅读过程则显得过于干瘪、乏味，直接消磨了孩子对阅读的兴趣。

## 我们那些招儿

### 1.家长可以这样做

◎ 尊重孩子的阅读兴趣,给予孩子决策的权利

如果孩子对书中的某些内容不感兴趣,家长可以改编或跳过。如果孩子想讲故事给家长听,不要用"你还小""你不会"拒绝孩子。在阅读时,家长可用不同的声音代表不同的人物或动物,同时用丰富、夸张的表情吸引孩子。如果孩子走神,家长可以通过更换故事书、提问或变换语音语调的方式让孩子重新投入到阅读中。如果孩子还是不感兴趣,不要批评孩子,而是等待下一次尝试的机会。

◎ 为孩子创设良好的阅读精神环境

阅读的精神环境包括家长自身的阅读兴趣和习惯、亲子阅读次数及质量和亲子阅读氛围等等。如果家长在家里经常阅读,孩子就会将阅读视为每日生活中不可或缺的一件事,并且是快乐、有趣的事;父母在阅读中耐心亲切的鼓励、指导、赞赏,会带给孩子愉悦、美好的感受,从而珍爱亲子阅读的时光。家长应做到,除自身的阅读时间之外,每日还应进行至少 20 分钟的亲子阅读。

◎ 为孩子创设良好的阅读物质环境

家长应为孩子创设良好的阅读物质环境。家庭中要有专门的孩子读书区域和书柜,经常给孩子购买大量的按年龄编写的书籍及读物。另外,家庭环境的布置也要有利于孩子阅读。如:为孩子准备一个通风、固定、光线充足、安静的学习场所;一套专供孩子使用的书桌椅;一些可供随时取用的图书纸笔等文具材料等。

### 2.教师可以这样做

◎ 活动区不要提供太多的书

教师不应把所有图书全部陈列出来。图书过多会增加孩子的选择难度,使他们疲于选书和换书。所以,教师最好能按主题或内容将图书分类。一次只展示几个主题的图书,并保证每周更新一次。关于一次摆放多少图书,以下公式可供参考:图书的数量=允许同时阅读的幼儿数×2。

◎ 坚决抵制小学化倾向的图书

小学化倾向的图书会透支孩子的学习兴趣和主动性。幼儿图书中与小学内容重复的必须设法及时妥善处理,比如英文类书籍、古诗词/古文类书籍、拼音识字类书籍和部分数学技能培养类书籍。孩子的确具有巨大的学习潜能。通过强化训

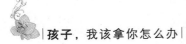
练,孩子完全可以背上百首唐诗,认读上千个数字甚至汉字……然而,孩子能够学会的东西并不意味着就是孩子应该学会的东西。这是一种掠夺式的开发。

◎ 丰富语言区的创设

语言区绝不仅仅等同于读书区。语言区应是集读书、书写、绘画、表演、游戏……为一体的区域。除了在语言区内部添设其他功能,也可将语言区与其他区域结合。如将语言区与表演区、美术区、手工区等结合。除了和其他区域的结合之外,有的幼儿园甚至建成"图书博物馆",在图书的形式上花心思。形式多样的语言区更能激发幼儿对阅读的兴趣。

# 28 区角活动时,孩子总是无所事事,怎么办?

### 宝贝那些事儿

源源在进行区角活动时,总是不知道该玩什么,这里看看,那里站站。一旦哪个区域发生了什么好玩的事情,他就不讲秩序地加入进去,有时他会和其他小朋友玩一会儿然后离开,有时这样的"打扰"会引起其他孩子的反感,把他"驱逐"出去。于是他又开始漫无目的地转悠,或者茫然地看着其他小朋友玩。我们观察到,像源源这样在区角活动时无所事事的孩子不在少数。

### 背后那些理儿

#### 1.区角设置、材料投放不合理

区角活动太难或太简单都会造成孩子在活动时无所事事。一个班级里,孩子的能力参差不齐,能力强的孩子因为游戏太简单会觉得区角活动太无聊,能力弱的孩子则会因为游戏太难而感到挫败,不愿尝试。而材料投放过少,就会造成孩子无用武之地而等待观望;材料用途单一则会造成孩子的探索热情不高,兴趣稍纵即逝;材料投放过多过杂会导致孩子之间干扰较大,无所适从。

#### 2.孩子缺乏耐心

在区角里无所事事的孩子往往做事没有耐心,注意力容易分散。活动开始后,孩子就会频繁地更换区角,一看到其他区角有好玩的事情,他便凑了过去。一遇到困难的游戏,他捣鼓几分钟之后便会放弃,要么发呆看着其他人,要么晃悠到下一个区角。

#### 3.孩子不合群

区角活动时,孩子之间都会有或多或少的交流。有些孩子会因为性格原因不愿和其他小朋友交往,而选择了独自活动,然而每个区域都有孩子,于是他只好站着发呆或者在区域之间走来走去。

## 我们那些招儿

### 1. 家长可以这样做

◎ 培养耐心

首先，家长在孩子专注做事时别去打扰他。孩子没耐心，往往是他在专注做事时常常被打断造成的；第二，选一些孩子感兴趣的事和他一起玩，慢慢延长玩耍时间。但如果他感到不耐烦，就不要勉强，要注意循序渐进；第三，陪孩子玩一些锻炼耐力的游戏，如串珠子、捡豆子等；第四，家长要给孩子做个榜样，遇事不能急，否则孩子会模仿；最后，引导孩子用正确的方式宣泄情绪。比如积木搭得不好可以重来但不能扔，奶奶没听清楚可以再说一次，等等。

◎ 培养社会交往能力

首先，家长应创造条件促使孩子与同伴交往。比如，家长主动邀请小朋友到家里来做客，鼓励孩子与伙伴分享物品。家长应逐渐要求孩子自己找伙伴玩耍，还要教育孩子在与同伴接触中主动帮助同伴。另外，家长应做孩子交友的榜样。家长要用自己对周围人的热情影响孩子，使孩子体会到和别人交往是件愉快的事。

### 2. 教师可以这样做

◎ 教师进行适当干预

教师可以给这些无所事事的孩子一些建议，甚至是要求。对于能力强的孩子，教师可以引导孩子进行一些具挑战性的活动；对于能力较弱的孩子则引导他们降低游戏难度，然后从旁鼓励，增强他们的信心，提高他们的兴趣。

◎ 材料提供的层次性和适度的多样性

每个孩子的能力水平不同，因此材料投放要兼顾每个层次的孩子，不能都简单，也不能都复杂，要为不同水平的孩子提供活动的机会和成功的条件，要让每位孩子在游戏中慢慢找准自己的位置。同时，区角活动内的材料设置不是一成不变的，应该根据孩子的能力发展不断调整。

◎ 教师要注意隐性指导

在活动区中，如果老师的指导太突出，完全处在一种主导、主动、主持的地位，有时反而会限制、影响孩子的活动。老师可以以一个游戏者的身份介入到游戏中，以游戏者的身份引导孩子将游戏深入下去。老师的隐性指导要适度，只要达到引发、深入游戏的目的即可，不必长时间参与游戏，这种长时间的参与还会影响老师对其他孩子的观察和指导。

# 29 孩子总说"我不会",怎么办?

## 宝贝那些事儿

丁丁是一个十分文静的小女孩儿,她的口头禅就是"我不会"。让她画画,她说不会;让她做手工,她也说不会;让她自己穿衣服,还是不会……

## 背后那些理儿

### 1. 自信缺失

心理学研究表明,家长对孩子要求过多、过高就会把目光总放在孩子的过失上,以批评或其他较严厉的惩罚方式帮助孩子改正错误,这会造成孩子的自我感觉不佳,并恐惧犯错。孩子的自我感觉,最初就来自别人对他的态度。家长如果经常否定、指责孩子,孩子的自信心就会逐渐降低,自我感觉越来越差,以致采取逃避的方式避免犯错,逃避责罚。

### 2. 惰性使然

孩子不愿意做事,就会以不会为借口。孩子说不会,其实是不想,但如果说"不愿意做"会受到批评,他就只有换种说法。现在的孩子都是家里的小皇帝、小公主,尤其是被祖辈带大的孩子,更是溺爱到了极点。三岁以前,许多家庭都觉得孩子还小,于是无论大事小事都一一包办。时间一长,孩子便认为让大人帮我做事是理所当然的,自己就更不愿意动手了。

### 3. 能力不足

有些孩子总说"我不会",是真的不会做。造成孩子事事不会做的原因主要有两个。一是隔代抚养。孩子通常被过度关照和保护,很少有机会自己做事情,祖父母或外祖父母剥夺了孩子自己做事情的机会,孩子会习惯性地放弃尝试。二是年轻父母缺乏耐心。有些心急的父母听到孩子说"我不会"或是看到孩子动作慢、错误多就会大包大揽,把该孩子自己做的事情全部承担下来。

## 我们那些招儿

### 1.家长可以这样做

◎ 学会合作

让孩子做一件事时，换个语气，把"你"换成"我们"，比如"我们一起来画画吧""我们一起来跳舞吧"。有父母的陪伴，孩子的胆子会大很多，也会觉得这件事情有趣很多。

◎ 学会等待

"等待"有两层意思，一是家长要有耐心，不要因为孩子不会做或做不好就帮他们做，孩子不会穿衣服，在不赶时间的情况下就让他自己慢慢穿，家长在旁动口指导、鼓励即可。二是家长要注意从易到难、循序渐进地教孩子做事情。孩子的能力发展有一定过程，也是需要等待的。父母不可提出过高的要求，而要根据自己孩子的实际情况出发。

◎ 学会隐藏

家长强烈的目的性往往会招致孩子的自然反抗。因此，家长要学会隐藏自己的目的，在日常生活中无意地引导孩子去做他"不会"做的事情。有时孩子只是察觉到了家长想让他独立完成某件事情的强烈意愿，才会以"我不会"来回应。

### 2.教师可以这样做

◎ 学会表扬

孩子不会做或是做不好都是正常的，老师应适时教给他们做事情的方法，并放手让孩子自己练习，鼓励孩子不断尝试。容忍孩子的失误，经常夸奖他们做得好的方面。当孩子做得好时，夸奖一定要及时而且具体，例如："你真棒，自己把毛巾洗得这么干净！"有失误时，不要取笑和批评他，鼓励孩子自己承担责任，例如，孩子把水弄洒了，老师可以说"没关系，拿抹布擦擦干净，再试试看，你这样拿杯子就不会把水弄洒了。"

◎ 学会示弱

老师要常跟孩子说"我不会"，请孩子来当"小老师"。当老师说"不会"的时候，孩子的自信心就会大增，他不再会害怕犯错误。

◎ 不要强迫

如果孩子确实不愿做某件事，老师也不要强迫他。每个孩子都有自己的长处，老师可以观察孩子其他方面的长处，然后找机会让他在其他孩子面前表现出来，以此增加他的自信心，增强他的表现欲。在有自信心的基础上再引导他完成不愿做的事情要容易得多。

# 中班篇

ZHONGBANPIAN

　　经历了幼儿园小班的学习，宝贝儿渐渐长大，虽然已经适应并喜欢上了幼儿园的生活，但仍然让身为家长的你牵挂不止，让身为教师的你苦恼不已，因为宝贝儿们在这个时期又会碰到新的难题，这会是哪些事呢？　让我们接下来一起且看且分析……

# 1 孩子乳牙有龋齿,怎么办?

## 宝贝那些事儿

幼儿园里,喜羊羊中班的孩子们在听老师讲故事——《爱吃糖的大老虎》,当老师讲到"大老虎的牙齿变得黄黄的、黑黑的,老虎的牙齿疼起来了,什么也咬不动,最后全脱落了"时,宇宇瞪大眼睛对坐在身旁的媛媛说道:"哇,你的牙齿黑黑的,也会像大老虎一样全掉光!"媛媛听了宇宇的话,撅着小嘴不服气地说:"我妈妈说,等我换牙了自然就会长出好牙齿的!"

## 背后那些理儿

### 1. 不懂常识

家长不懂牙齿保健的常识,误以为换牙就自然换出了好牙齿。

### 2. 不忍心

担心孩子要经过比较长的治疗过程,家长不忍心。

### 3. 怕麻烦

怕麻烦,孩子看病要全家动员,孩子龋齿只要不疼就懒得跑医院。

## 我们那些招儿

### 1. 家长可以这样做

◎ 注意孩子牙齿的营养

注意给孩子补钙,多吃富含钙的食物,如:绿色蔬菜、牛奶、大豆、嫩豆腐、青豆、炒南瓜子、猪肉松等;让孩子多吃含氟高、吸收率也高的海产品,如:虾、蟹、鱼、海带等。

◎ 让孩子养成良好的饮食习惯

控制孩子吃零食,如:糕点、糖果、蜜饯、饮料等;调整食品结构,吃含糖少致龋力小、含纤维多抗龋性强的食物;合理安排饮食时间,定时进食,食后漱口。

◎ 督促孩子早晚正确刷牙

临睡前刷牙最为重要,因为人在睡着后,唾液分泌会减少,而唾液可以冲走细

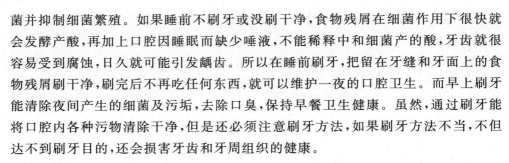

菌并抑制细菌繁殖。如果睡前不刷牙或没刷干净，食物残屑在细菌作用下很快就会发酵产酸，再加上口腔因睡眠而缺少唾液，不能稀释中和细菌产的酸，牙齿就很容易受到腐蚀，日久就可能引发龋齿。所以在睡前刷牙，把留在牙缝和牙面上的食物残屑刷干净，刷完后不再吃任何东西，就可以维护一夜的口腔卫生。而早上刷牙能清除夜间产生的细菌及污垢，去除口臭，保持早餐卫生健康。虽然，通过刷牙能将口腔内各种污物清除干净，但是还必须注意刷牙方法，如果刷牙方法不当，不但达不到刷牙目的，还会损害牙齿和牙周组织的健康。

◎ 有了龋齿及时治疗

孩子龋齿是牙齿经常受到口腔内酸的侵袭，使牙釉质受到腐蚀，变软变色，逐渐发展为实质缺损而形成龋洞。龋洞不会自愈，如不予补治会继续腐蚀到牙本质、牙髓，只留下残根。龋齿不仅使儿童感到牙疼痛而影响食欲、咀嚼、消化、吸收和生长发育，有时会导致牙髓炎、齿槽脓肿，甚至引起全身疾病，影响孩子健康。因此，要及时治疗。

**2. 教师可以这样做**

◎ 开展护牙教育

进行"保护牙齿，预防龋齿"的健康教育活动，把爱牙护牙的教育活动贯穿在孩子的一日生活中，养成饭后漱口的良好卫生习惯。

◎ 做好龋齿预防

联系保健机构，定期进行口腔检查，每学期检查口腔一次，有牙病及时治疗，并做免费氟化泡沫预防龋齿。

◎ 让家长重视孩子的乳牙卫生

通过宣传栏、班级家园栏、幼儿园网站、班级 QQ 群等形式，不断向家长宣传口腔卫生保健知识。通过家园合作，共同督促孩子在家、在园都养成良好的口腔卫生习惯，使孩子有一副健康、整齐、漂亮的牙齿。

# 2 如何制订孩子一天的日常食谱?

## 宝贝那些事儿

齐齐在同年龄的孩子中体重超重。老师找到齐齐妈妈,了解齐齐在家的饮食情况。齐齐妈妈说:"齐齐胃口很好,挺喜欢吃肉。我们觉得只要孩子爱吃,就做给他吃,总比他不吃好。"

## 背后那些理儿

### 1. 溺爱养成孩子挑食

家长一味顺从孩子的口味,养成了孩子挑食的坏习惯,却忽视了如何平衡膳食,导致孩子身体的不良发育。

### 2. 家长不懂平衡膳食

家长片面地追求高营养,过分崇尚鸡、鱼、肉、蛋等食品的营养价值和补品、补药,给孩子补充过量的营养品和高蛋白物质(如高蛋白粉、高脂肪食品、钙片、锌、巧克力等等),这会引起身体的生长发育十分迅速和性早熟,且易造成儿童肥胖症。

## 我们那些招儿

### 1. 家长可以这样做

◎ 制订花样食谱

根据市场供应情况,食谱每周制订一次,适当调整花样。要注意蛋白质的互补作用,充分利用豆制品;注意干稀搭配、荤素搭配、粗细粮搭配,少甜食和油炸食物,要控制食盐量;早餐以主食为主、优质蛋白质为辅。午、晚两餐一荤一素,多选用各种季节性蔬菜,保证有一定量的绿色、橙色蔬菜,做到既保证营养价值,又易于孩子食用、消化和吸收。

◎ 烹调方式适合孩子特点

两三岁的孩子以小丝、小丁、小片、无骨、无刺的食品为宜;3~6 岁的孩子可从较大的块、丁、片，逐步过渡到带骨、带刺的食物。在烹调食品时，尽量选用蒸、煮、烧、烩及软溜等烹制方法，以保持原料烹制后具有较软、烂、酥的特点。尽量少用或不用油炸、油煎的烹调方法。可把两种烹调方法合二为一、不断变化出各种口味的菜肴。比如牛肉为高蛋白的动物性原料，质地较粗，不易烹制，制作时就综合运用不同的烹调方法。首先将牛肉绞（剁）碎成肉糜，在肉糜中加入盐、酱油、洋葱、白糖等调味品，然后加入嫩肉粉，再加入鸡蛋、淀粉充分搅拌，放入盘中上笼蒸熟成牛肉糕后改切成小丁，加入青豆、玉米粒、胡萝卜丁一起烩炒，就做成孩子喜欢的三色牛肉粒。利用这样的烹调方法还可制作鱼类、家禽类等各种适合孩子的菜肴。此外，在调味时要注意少盐、少味精、低糖、弱酸、无刺激、少油量。又如干烧鲫鱼，在烹调时可用番茄酱调制出红油与酒酿组成的咸中带适中甜酸的口味，既有成人菜的色彩，又有幼儿菜的口味。

◎ 针对孩子进食心理进行诱导

孩子饿了自然会吃。有些家长担心孩子营养不良，强迫孩子多吃，并严厉训斥，这对孩子的机体和个性都是一种可怕的压制，使孩子认为进食是极不愉快的事，逐渐对进食反感。因此，在进餐时不要强迫孩子，而是顺其自然。色、香、味、形俱佳的食物可以引起孩子的食欲，因此，在烹调上经常变换花色品种，并在孩子初次接触某种食物时，给食物适当评价，如小兔爱吃的胡萝卜、好看的青菜等，成人的正确评价可起导向作用。有时，还可让孩子参与饭菜的准备，如香菇丁、胡萝卜丁、山药丁、小豌豆组成的四色素丁中的小豌豆，可让孩子动手剥，并有意夸奖孩子的劳动成果，使孩子觉得自己帮助做的饭菜有滋有味。

**2.教师可以这样做**

◎ 食物品种多样化

各种食物如粮食、豆类，蔬菜、水果类，奶制品类，鱼、肉、蛋类，油、糖、盐类等提供各种不同的营养素，它们各司其职，不能互相替代。因此，在调配膳食时，要注意食物多样性（吃东西的面要广）。幼儿园食谱中每天食物品种均达 20 种以上，做到每 4 周不重复的食谱。

◎ 膳食结构均衡

在食谱中为孩子调整膳食结构。调整目标为稳定粮食，保证蔬菜，增加奶类、豆类，调整肉类（改变以往以猪肉为主的动物性食物结构，增加水产品以及鸡、鸭、蛋等禽类食物的摄入量）。

◎ 供给适量

食物摄入不足，可导致营养不良；摄入过量，会引起营养过剩。所以，食谱严格按膳食结构"4＋1"金字塔方案要求，定量安排孩子每日供给量，见表1。

表1　膳食结构"4＋1"金字塔方案

| 食物种类 | 供给量（克/人·日） |
|---|---|
| 油、盐、糖<br>肉、鱼、蛋<br>奶及奶制品<br>蔬菜、水果<br>粮、豆 | 适量（应严格控制摄入量）<br>100～150（其中蛋50）<br>牛奶250～300<br>蔬菜150～250、水果50<br>粮200～250、豆15～30 |

# 3 孩子不喜欢刷牙，怎么办？

## 宝贝那些事儿

凯凯已经能很好地给自己刷牙了，但是喜欢偷懒，经常说："妈妈，今天晚上不刷牙可以吗？"妈妈当然回答不行。但是妈妈的拒绝好像没什么效果，凯凯不刷牙的时候是没商量的，要是态度强硬一点，他就开始哭，常常是牙齿没刷成，凯凯倒哭成了个小花猫，妈妈也觉得又心烦又累。

## 背后那些理儿

### 1. 难坚持

刷牙时要反复做"转动手腕"的动作，孩子没有兴趣，很难坚持。

### 2. 生理特殊性

有的孩子会排斥把牙刷放入口内，较敏感的孩子还可能有呕吐感。

## 我们那些招儿

### 1. 家长可以这样做

◎ 模仿是养成刷牙习惯的第一步

父母开始教导孩子刷牙时，可先让小孩把牙刷当作玩具放入口内，让孩子不会排斥牙刷在口腔中的感觉。父母每天在刷牙的时候，让孩子也拿着自己的小牙刷在旁边观摩，鼓励他伸入口腔中比划。

◎ 让孩子自己选择喜欢的牙具

让孩子自己选择喜欢的牙刷、牙膏和牙杯，自己的牙具自己做主，这样更能带动孩子刷牙的积极性。选择牙膏，对于刚开始还不懂得吐出来的小朋友来说，一定要买不含氟的可吞咽的牙膏，可以挑一些柔和口味的，这样孩子不会对牙膏的味道太反抗。而漱口水也一定要用凉开水代替自来水，以防孩子在漱口时直接吞下去了。刚开始，家长都会担心孩子吃漱口水怎么办，其实这是完全不用着急的，等过一段时间，自然就学会吐出来了。

◎ 让孩子慢慢尝试

刚开始刷牙,允许孩子想怎样刷就怎样刷,对于很爱刷牙的孩子可以从一开始就教他正确的方法。要给孩子时间逐渐领会刷牙的要领,一旦孩子接受刷牙这个事实,再慢慢将方法渗透。可以和孩子一起刷牙,大人怎么刷,就让孩子跟着怎么刷;也可以握着孩子的手,教孩子正确的姿势和刷法,让孩子感觉自己还是在控制着刷牙的主动权。

◎ 提高刷牙乐趣

刷牙前可以和孩子一起唱《刷牙歌》。此外,在孩子刚刚坚持早晚刷牙时,可以做一张"宝宝刷牙卡"的表格,每一个早晨、晚上,如果孩子坚持刷牙了,就可在代表这一天的空格上,贴上一个可爱的小牙齿的标志;如果没刷牙,就贴上一个小细菌。孩子肯定都是喜欢小牙齿,不喜欢小细菌的。等一个星期结束之后,如果刷牙卡上每天都有小牙齿标志,就可以再给孩子一个小奖杯的标志,然后给予适当的奖励,让孩子逐渐养成刷牙习惯。

### 2. 教师可以这样做

◎ 开展教育活动

开展保护牙齿的教育活动,如:给孩子讲《刷牙》《小熊不刷牙》等故事,让孩子知道要保护好牙齿,并通过念儿歌、唱歌曲、看动画等生动、有趣的方式让孩子学习正确的刷牙方法,养成刷牙的好习惯。同时,在一日活动中,坚持让孩子饭后漱口。

◎ 做好家长宣传工作

发放"如何指导宝宝正确刷牙"的宣传资料,通过讲座、班级 QQ 群、专题沙龙等形式,让家长懂得如何顺其自然地养成孩子早晚刷牙的好习惯,并学会选择孩子的牙刷、牙膏(刷头小的软毛牙刷,刺激轻微而含水果芳香味的儿童牙膏,三岁以下儿童不要使用含氟牙膏),掌握一些教孩子正确刷牙的方法。比如:顺牙缝由上而下、由下而上地竖刷。上下、内外都是顺着牙根向牙尖刷,牙合面可以横刷。每次刷牙至少需要 3 分钟,每个面要刷 15～20 次,才能达到清洁牙齿的目的。

# 4 孩子总爱喝饮料不爱喝白开水怎么办？

## 宝贝那些事儿

随着天气逐渐变热，泡泡班加大了孩子的饮水量。喝水的时候，老师发现琪琪看着水杯一口也不喝。于是，老师走到琪琪身边，轻轻问道："琪琪，怎么不喝水呢？""白开水不好喝，没有甜味！"琪琪回答说。

## 背后那些理儿

### 1.变"戏法"让宝宝喝，造成不喝白开水

有些家长知道给宝宝喝水的重要性，在执行中却不顾宝宝是否需要，定时、定量地供给，宝宝不要喝，成人就变着"戏法"——加果汁、加蜂蜜、加酸梅汁、加糖等。日子久了，宝宝就不会喝没有味道的白开水了。

### 2.环境影响

有的家长自己就喜欢喝饮料，不爱喝白开水，家里也常常准备了充足的饮料。久而久之，影响到孩子。

## 我们那些招儿

### 1.家长可以这样做

◎ 在对峙中不能示弱，让孩子知道"为什么不"

当孩子吵着非饮料不喝时，家长不能因为担心他水分摄取不足而妥协。一个"怕"字，很容易让家长变得被动。除非孩子出现脱水现象（如不爱动、皮肤干燥、嘴唇干裂等），否则家长不必太焦虑。同时，家长在拒绝孩子的时候，一定要让他们知道为什么，否则孩子可能会认为"不是不能喝，是你不让我喝"。要帮孩子建立"偶尔喝饮料可以，但平常要喝白开水"的观念和习惯。

◎ 家里不存饮料，注重身教

既然不想让孩子成天抱着饮料瓶，那么家长首先就要做到不买，也不在家里存饮料。孩子是在父母身边长大的，他看到爸妈口渴了就倒杯水来喝，自然就学着喝水。

◎ 妙方引诱多喝水

每个孩子都会有他们心目中喜欢的事物。比如:孩子喜欢天线宝宝,就给他编一个天线宝宝喝白开水的故事;家里养了花,浇花的时候引导孩子看,"小花喝了水特别漂亮吧,孩子想漂亮就要多喝水呀";比赛喝水,孩子可以和爷爷、奶奶、爸爸、妈妈比,也可以和哥哥、姐姐、弟弟、妹妹比,看谁先喝完。和前者比的时候,让孩子先喝完,然后一起为他喝彩。和后者比的时候,成人就在一旁给他加油。

## 2.教师可以这样做

◎ 培养孩子定时喝水和随渴随喝的习惯

每天要安排孩子定时喝水的时间。早餐和午餐之间有三个半小时,是孩子活动量最大、消耗体能最多的时间,这段时间要让小班孩子定时喝水两次,大、中班孩子定时喝水一次。午睡起床后要定时给孩子喝一次水,到吃晚餐前还要给孩子喝一次水。在培养孩子定时喝水习惯的同时,还不能忽视培养他们随渴随喝的习惯。因此,在孩子活动中、游戏中要有针对性地提醒他们随渴随喝。

◎ 保证孩子的喝水量

在定时喝水时,教师要亲自把足够的水倒在孩子的杯子里,每次要让他们喝150毫升以上。孩子喝水也不能过量。人体需要水量的多少是受许多因素影响的,像吃食物的结构、种类,外界温度的变化,活动量等。水量不足会导致消化不良、体温升高;但是水量过多,又会导致胃胀、食欲减退。保证人体一天有1600～1800毫升的水就可以了。

◎ 培养孩子养成良好的喝水习惯

孩子各种习惯从培养到养成是需要花很大工夫的,在培养的过程中,一定要给孩子创设一个良好的环境。水温不能太热,太热了孩子喝不到嘴,又影响他的活动,孩子就失去了喝水的欲望,也不安全。孩子要喝温开水。给孩子准备安全、适合的水杯,不要太大也不要太小。孩子喝水时,要教育其不要玩水,以免水洒落在桌面、地面上,要一口一口地喝,不要太急,不要说话。并让孩子知道剧烈活动后不要马上喝水。

# 5 孩子挑食不爱吃菜，怎么办？

## 宝贝那些事儿

中午吃饭的时候，老师发现黎黎动也不动。于是，老师走到她身边，轻声问道："黎黎怎么不吃饭呢？"她抬头看了看老师欲言又止，依旧嘟着个嘴。老师微笑着摸了摸她可爱的脸蛋，轻轻地问："乖黎黎，告诉老师为什么不吃饭呢？"她紧闭的嘴巴动了动，缓缓地吐出了几个字："我不要吃胡萝卜。"

## 背后那些理儿

### 1. 蔬菜本来的味道

有些蔬菜的味道孩子不喜欢吃，如洋葱、芹菜、胡萝卜等。

### 2. 家庭膳食习惯

家中孩子的餐点以奶制品、蛋制品为主，没有养成吃蔬菜的习惯。

### 3. 溺爱造成挑食

家长过分溺爱、迁就，顺着孩子的口味，形成了孩子以自我为中心的不良行为，表现在饮食上是自己说了算，形成了挑食、偏食的习惯。

### 4. 成人的影响

受父母的误导，觉得爸爸妈妈不爱吃的东西，我也不要吃。父母的言行让孩子潜移默化地受到影响。如家长当着孩子面跟教师说："宝宝不吃就算了，随便吃点等。"给了孩子错误的影响。

## 我们那些招儿

### 1. 家长可以这样做

◎ 养成良好的生活习惯

饭前不吃零食、水果，养成有规律的生活习惯。

◎ 适当体育活动，增进食欲

每天早晨或晚饭前进行定量、适当的体育活动，如跑步、踢球、游戏、跳绳、玩沙包等,让孩子有饥饿感。

◎ 愉快进餐,循序渐进

吃饭时,创设愉快的气氛,可放一些儿童音乐,并引导孩子观察饭菜,说出名称,了解各种菜的营养、吃了有什么好处等。吃菜时,菜量逐渐增加。家长不强迫孩子多吃。

◎ 注意烹饪,改变花样

做菜时应注意配菜,尽量做得色、香、味俱全。可利用包饺子、烙馅饼等方式,把孩子平时不喜欢吃的菜放进馅里去,全家人一起吃,并且都说:"好吃,真好吃!"

**2.教师可以这样做**

◎ 开展"蔬菜成熟了"教育活动

认识蔬菜的名称、特征,了解其营养价值。同时开展生活课程"萝卜鸡蛋饼""菠菜鸡蛋汤"等活动,让孩子现场观察制作过程,调起孩子的胃口。此外,带孩子去食堂了解炊事员的辛勤劳动,从而尊重炊事员的劳动。

◎ 进行餐前教育

开展食谱播报游戏:针对当天的主菜,准备一首儿歌,大家一起来唱;或者准备谜语让大家一起猜,比如蘑菇就是:一顶小伞,落在林中,一旦撑开,再难收拢。通过一唱一猜,孩子的兴趣被调动起来,这个时候再进行知识竞赛,当天值日的孩子把提前准备的蔬菜营养知识告诉其他小朋友:如菠菜汤含有大量的铁元素和叶绿素,多吃蔬菜能帮助我们消化吸收;碎肉豆腐含有丰富的脂肪和蛋白质,能供给我们必要的营养等等。通过丰富多彩的餐前活动,让孩子明白身体需要多种营养,不同的菜,所含的营养价值不一样。只有不挑食,身体才长得棒。

◎ 开展比赛,榜样示范

进餐时,教师让孩子在模仿与比赛过程中吃菜,并表扬吃菜有进步的孩子,为其他孩子树立榜样。

◎ 家园步调一致

通过家长讲座、家长会、家园栏、幼儿园网站、班级 QQ 等途径,让家长了解一定的营养知识和科学的育儿方法,逐步引导孩子纠正挑食、偏食的习惯。

# 6 孩子不容易入睡，怎么办？

## 宝贝那些事儿

睡觉是可可最不喜欢的事情之一，睡觉要停止快乐的游戏，可可是那么的恋恋不舍。睡觉要一个人静静地躺在床上，这对活泼好动的可可来说不是容易的事。可可总在床上翻来覆去、跳上跳下，很容易着凉，而且，他有时安静，有时又特别闹，怎么办呢？

## 背后那些理儿

### 1.中班孩子活动量逐渐增大

睡觉对于幼儿园中班的孩子来说不是一件容易的事情。中班孩子已经逐步脱离了婴儿睡眠时间比较长的需求，他们的活动能力增强，对活动的需求逐渐增大，为此，他们往往不能直接入睡，总要在床上倒腾好一阵儿，才慢慢入睡。

### 2.孩子以形象、动作思维为主的年龄特点

中班孩子仍然以动作思维为主，也就是边做边想。躺在床上，他们总要做些动作让自己动起来，比比划划、念念有词，越玩越兴奋，这样就会影响孩子入睡。

### 3.孩子害怕做梦

部分孩子可能有这样的问题，孩子不能区分现实与梦境，有时会弄混，有孩子可能会出现怕做梦而迟迟不肯入睡的情况。

## 我们那些招儿

### 1.家长可以这样做

◎ 家园合作，营造气氛

家长在家可以继续采用教师在幼儿园用的方法，给孩子准备一些睡前听的温和的故事和音乐，转移孩子对动作的注意，营造温馨的入睡氛围。

◎ 按摩轻抚，健康入睡

有条件的家长，可以以游戏的方法给孩子做一些眼睛、脸部、脊柱按摩，帮助孩

子入睡，比如"小精灵飞到宝宝的脸上，亲亲宝宝的脸，一下、两下、三下……真舒服；小羽毛落在宝宝的眼睛上，一根、两根、三根……"家长可以根据孩子的喜好或近期读的故事内容，编一些轻柔的儿歌伴随按摩动作，帮助孩子入睡。

◎ 解除担忧，放心入睡

对于可能由于害怕做梦而迟迟不能入睡的孩子，家长可以和孩子一起阅读相关梦境的故事，让孩子知道每个人都可能做梦，有时家长也可以和孩子分享自己做的梦，区分梦与现实的不同。同时，家长也可以担任孩子的"梦境看门人"。在孩子睡前对孩子说自己当他的梦境看门人，只让好梦进来，让孩子解除对做梦的担忧，放心入睡。

### 2. 教师可以这样做

◎ 营造气氛，缓和入睡

在幼儿园，教师常常会在孩子们午睡前安排一些轻松的小游戏、散步活动，帮助孩子舒缓身体和情绪，有助孩子入睡。

◎ 睡前故事，愉快入睡

睡前故事（或播放轻柔音乐），让孩子将注意力从动作知觉转移到相对安静的听觉活动上，有助于孩子尽快入睡。

◎ 梦境故事分享

教师可以有意识地选择一些关于梦境的故事读本和孩子分享梦境的奇妙，解除孩子的担心和害怕。

# 7 孩子没有使用礼貌用语的习惯，怎么办？

## 宝贝那些事儿

六一儿童节到了，亲戚朋友给四岁的贝贝送来了各种礼物，可他接过礼物，转身就走，爸爸妈妈一再示意他向客人道谢，他仍然闭着嘴，一言不发，使劲挣脱爸爸妈妈的手，自顾自拆开玩具玩起来。

爸爸妈妈带贝贝走在路上，碰见了单位的同事，爸爸妈妈赶紧叫贝贝跟阿姨打招呼，可贝贝扭过头，无论怎么劝说鼓励，都不理不睬，弄得爸爸妈妈非常尴尬。

## 背后那些理儿

### 1. 家庭娇惯养成孩子以自我为中心

现在的年轻父母忙于工作，更多时候是爷爷奶奶、外公外婆或保姆照顾孩子，由于孩子隔代亲或教育观念等原因，老人大多迁就孩子，几个人围绕"小皇帝""小公主"，孩子在家里受到万般宠爱，形成以自我为中心，只顾自己喜好，不顾别人感受的性格。

### 2. 对孩子礼貌教育有缺失

早期家庭教育对孩子的影响是很大的，如果对孩子文明礼貌方面的教育很少或方法不得当，孩子也会形成没有礼貌的不良习惯。如：父母之间的交流粗俗或在公众场合缺乏公德意识，都会给孩子造成不好的影响。孩子会养成不会主动使用礼貌用语的习惯。

### 3. 个性比较害羞

有的孩子不会主动打招呼、致谢，是因为个性比较内向、害羞，觉得不好意思对不熟悉的人表达。

## 我们那些招儿

### 1. 家长可以这样做

◎ 适时教给孩子基本礼仪和做法

家长可以通过图书、故事、表演或在生活的真实情境中告知吃、穿、行、坐、站、言、笑等的一些礼仪要求和做法。如：进餐、做客、待客、外出时，适时教给孩子礼貌的语言和行为。

◎ 给孩子做好榜样

家长是孩子的第一任老师，因此，家长首先要随时注意自身的礼貌修养，做好表率。如：生活中"请、谢谢、对不起"常挂嘴边，别以为是家人，就不需要礼貌。同时，生活中，与家人朋友或不相识的人礼貌地交流，富有爱心，帮助他人，与人和睦相处，尤其是不要当面或背后说人坏话、骂人等，这些礼貌行为都会潜移默化地带给孩子一生的影响。

### 2.教师可以这样做

◎ 通过亲身体验，感受有礼貌的人才会受人喜欢

学会说"请、谢谢、对不起、没关系"这些礼貌用语很简单，但要主动运用却非易事。因此，要让孩子在日常生活中增加道德认识的情感体验，知道身处集体中，说这样的礼貌用语，对人友善，互相帮助，共同分享，会受到大家的喜爱和欢迎。

◎ 进行爱的教育，发自内心地喜爱和尊重

可以通过故事、图书、主题活动等等，让孩子感受身边的人对自己的爱，当这种活动深入孩子的心灵，他们就会用礼貌的语言和行为表达内心的爱。他们会学会礼貌、谦让、分享、尊重等。

◎ 树立学习模仿的榜样

孩子们常常观察并模仿老师的一言一行、一举一动。因此，老师应时刻注意自己的言行，也应热情有礼貌，带给孩子潜移默化的影响。

◎ 注重孩子的实践练习

从孩子入园环节开始，就应该有意识地培养和练习礼貌用语，并创设情境，使孩子有更多的练习机会。更重要的是，要在真实情境中，观察孩子实际表现，进行针对性的引领。

# 8 孩子爱骂人,怎么办?

## 宝贝那些事儿

文文不知从什么时候起,小小人儿学说些大人才说的脏话,开始大家听着还觉得好笑好玩,觉得挺逗,可是慢慢的,这孩子发脾气或没顺从他意见时,那些学到的脏话立刻就骂出口了,大家都很苦恼。

去幼儿园接孩子时,老师也反映文文为了和同伴争着扮演角色、操作材料,甚至分发点心餐具,他都经常爱骂人,比如:"不喜欢你,你个笨蛋""滚开,你是'蠢货'!'骗子'!'傻瓜'!'大大大笨蛋'!"有时还带脏字,甚至有时会动手打小朋友,这样一来,小朋友都不喜欢跟他玩了。

## 背后那些理儿

### 1. 孩子交往能力欠缺

四岁左右的孩子,随着认知水平的发展和自我意识的不断增强,他们的交往能力得到了一定发展,同伴间能初步进行协商合作讨论。但是,如果在成长过程中,一直以自我为中心,没能得到相应的引导,则容易形成不会与同伴协商,个性太过强势,交往能力差。如果因此用骂人的方法以期望达到目的,这样的孩子一般不会受到孩子们的欢迎,孩子自己也会产生交往挫败感,丧失自信心。

### 2. 发泄自己的不满

当孩子的意见和父母的意见相左,孩子不想在父母命令式的口吻中被动接受,因此,如果家长用强制的方法,孩子往往会做出一些不礼貌的行为或说出一些没有礼貌的话语,以表达自己的不满,或用激烈的情绪如骂人等行为挑战父母的权威。

### 3. 家庭对孩子教育的缺失

家庭中,父母或爷爷奶奶因为教育观念、方法不得当等原因,对孩子千依百顺,孩子形成以自我为中心。但这样的性格一旦进入集体,同伴不可能像家长那样迁就他,他一不如意,就会沿用家庭中的处理方式,骂人甚至打人,这样的方式只会让孩子受到同伴的排斥,会极大地影响孩子与同龄人的交往。

### 4. 因好奇模仿

有时,孩子偶尔听到周围有人说脏话或粗俗的话,因为好奇而模仿,虽然不懂意思,但有时在相似的情境中孩子会学说,大家也会误认为孩子在骂人。

## 我们那些招儿

### 1.家长可以这样做

◎ 和班级教师经常交流

和班级教师经常交流并了解孩子在幼儿园的表现,如果孩子出现了因为交往能力不够而用骂人打人等方式引人关注,或期望同伴屈从其意志的情况,要引起高度重视。

◎ 与孩子平静交谈,不要简单粗暴

遇到孩子与人发生矛盾,又骂人打人的情况,家长不要急于批评甚至打骂孩子,应该就发生的事情和孩子平静交谈,让孩子说出事情的经过和骂人打人的原因、意图,了解孩子的真实想法。然后,换位从其他小朋友的角度,告诉孩子骂人打人时别人的感受,使其知道骂人打人的行为是不对的,家长也是不喜欢看到他这种做法的。

◎ 教给孩子交往的策略

家长要告诉孩子交往的策略,并与孩子共同验证策略的有效性。如:首先与同伴当好朋友,游戏时听从大家的安排,扮演好大家共同分配的角色,有好的想法和建议可以提出,但是不能强求人家必须接受;如果不愿意自己加入时,可以换别的组和别的小朋友玩;用玩具和人交换、共同玩耍、等待别人玩后再玩,等等。这些都

是可以让别人接纳自己，与人交往的好方法。

◎ 保持沉默，淡化问题

四岁左右的孩子对语言概念的识别能力较弱，不太明白什么是脏话。同时，他们模仿语言的能力极强，别人说什么他有兴趣的话，他就立刻学什么，听到什么就讲什么，却不明白这句话的真正含义。所以，当孩子说骂人的话时，家长最好的反应就是不反应。孩子说了后，家长岔开话题，他见没反应，说不定自己就忘掉了。另外，孩子喜欢别人注意他的一言一行，你反应过大，其实就是在强化这种负面信息。孩子一说骂人的话，大家都关注他，他反而觉得是好玩有趣的事情，加上这个年龄的孩子正处于人生第一逆反期，越是用粗暴的方式制止他，越是屡禁不止。

◎ 净化环境，做好榜样

孩子的模仿能力强，作为家长，应该时刻注意自己的言行，家中成员要杜绝说脏话、怪话，给孩子创造一个良好的、纯净的语言环境。

**2. 教师可以这样做**

◎ 明确骂人是不礼貌的行为

当有孩子出现骂人甚至打人的行为时，要明确告知这种行为是不礼貌的行为，老师和小朋友都不喜欢不礼貌的孩子，希望能改正，做个有礼貌的好孩子。

◎ 让孩子集体讨论，总结梳理交往的策略

让班级的小朋友就骂人的事情发表自己的想法，就如下话题开展讨论：这种行为对不对？你认为应该怎么做？借这件事告知全体小朋友交往的策略和方法。

◎ 练习如何礼貌与人交往的行为

在知道道理和做法后，最重要的就是持之以恒地进行行为练习，要在真实的生活中，不断肯定孩子的正确行为，指出不好的做法，并有意识创设行为练习的情境，让孩子感受有礼貌与人交往会得到同伴的接纳。

◎ 加强家园沟通

老师可以针对本班级孩子近期出现的孩子交往中的问题在全班家长中开展讨论，家长们也可以进行交流，找到适合的办法，以达成共识。也让部分意识有偏差，抱着"谁打你你就打回去"或"孩子学机灵点，骂人打人都不怕，只要不被人欺负就行"观念的家长在交流中得到转变。

# 9 孩子任性,怎么办?

## 宝贝那些事儿

幼儿园放学了,雯雯见来接的是爷爷,立刻大哭起来:"我要奶奶! 我要奶奶! 不要你接!"转身跑进教室,谁来劝都不走。

## 背后那些理儿

### 1. 遗传因素和性格特质

从心理学的角度分析,人的性格有多血质、胆汁质、抑郁质和黏液质等先天类型。受遗传的影响,有的宝宝天生气质就属于较兴奋的类型,情绪表现较强烈,属于那种所谓"有个性"的,如果后天再不注意改良,最容易出现任性的行为。

### 2. 家庭过分娇宠纵容

独生子女家庭,父母对孩子呵护倍至,无节制、无原则地对孩子有求必应,生怕照顾不周让孩子受一点点委屈,孩子自然会唯我独尊,任性。

### 3. 家教方式简单粗暴

父母不了解孩子的心理,不问缘由地用训斥、打骂等方式回应孩子的一切"不合理要求",从而导致孩子产生逆反心理,以执拗来对抗父母的粗暴,因而助长孩子的任性行为。

## 我们那些招儿

### 1. 家长可以这样做

◎ 读懂孩子的心

有时候孩子任性发脾气,有他的道理,我们需要理解孩子,读懂孩子的心,从孩子的立场,用孩子的眼光看世界,用孩子的心感受生活,孩子的心才能和我们相通。我们一旦读懂了孩子的心,在管教孩子的时候就会多一些顺利,少一些失误。

◎ 不给孩子把任性当作要挟父母的机会

作为一种性格特征,任性有很大的后天因素。如果孩子刚一哭闹,家长就心软了，就对其百依百顺。等到孩子掌握了任性哭闹这个要挟大人的"法宝"，就会无休止地恶性发展下去。这时再想解决就很难办了。因此，当孩子任性哭闹时，爸爸妈妈不迁就他，也不给他当"观众"，自己离开，事后再给他讲道理。当孩子出现任性行为时要狠狠心，不迁就孩子，防患于未然，不给孩子学会用任性要挟父母的机会。

◎ 以合理的方式满足孩子的合理需求

孩子的任性常常是为了争取某种需要的满足。聪明的做法是以合理的方式满足孩子合理的需要。等孩子任性发脾气了再来答应孩子的要求，是最愚蠢的做法。当然，满足孩子的需要一定要讲究条件，对于不能或不该满足的需要一定要坚守原则，毫不妥协。比如：孩子一天没见到你了，想跟你亲热一番，让你讲个故事什么的，这就是合理要求，可以及时地给予满足。

◎ 及时转移宝宝的注意

人的心态是由注意决定的，注意转移了，心态也就变化了。因此，转移注意是矫正孩子任性毛病的可行办法。想方设法转移孩子的注意，用不着哄劝，不知不觉间就会淡化孩子的拧劲，消除任性的毛病。比如，孩子任性哭闹，家长可以拿出新买的食物自言自语："哎呀！这个东西是什么味道的呀？爸爸，你想不想尝一尝？"或者拿个玩具，故作惊讶地说："这样玩对不对呢？"往往任性的孩子就会熄火了。这招对年龄小的孩子尤其管用。

**2. 教师可以这样做**

◎ 冷处理

当孩子利用哭闹来发泄不满情绪时，我们可以置之不理，装作若无其事，该干什么就干什么。孩子闹了一会儿后，看见没人搭理他，慢慢地也就没劲儿了。

◎ 明确告诉孩子该怎么做

对待任性或正发脾气的孩子，教师可以用"小朋友应该怎么做"或"有礼貌的小朋友是这样做的"等语言，或树立榜样等方式，明确告诉孩子正确的做法。让孩子知道，任性发脾气是不受欢迎的行为，在老师面前是无用的，无法用哭闹发脾气达到目的。

◎ 开展有效的教育活动

针对任性，爱发脾气等现象，老师可以通过讲故事、同伴讨论、角色扮演等形式，让小朋友学会有礼貌地与人交往，学会正确表达自己的想法。

# 10 孩子喜欢"人来疯",怎么办?

## 宝贝那些事儿

妈妈请了好朋友到家里玩。四岁的儿子壮壮平时是个听话的孩子,规规矩矩的,很是乖巧可爱。可是看到客人来后,一反常态,一会在客人面前跑来跑去,一会硬要把和客人说话的妈妈拽到他那边要求妈妈和自己玩,一会把玩具丢得满屋都是,无理地打断大人们说话,不理他立马坐到地上"哇哇"哭个不停……真是一刻不消停,弄得客人和爸爸妈妈都很尴尬。

## 背后那些理儿

"人来疯"的孩子平时表现正常,但是有客人来时则像换了一个人似的,表现得异常兴奋而且不听劝告,给父母带来许多麻烦,使客人也很尴尬,弄得大家不欢而散。那么发生这种现象的原因是什么呢?

### 1. 大脑皮层发育尚不完善

3～6岁的孩子神经系统的抑制功能尚不完善,有客人来,他们的神经系统容易兴奋,难以抑制,因此表现比平时要"闹"一些。

### 2. 交往需求没得到满足

有不少家长因为工作忙,平时很少有时间带孩子出去走走,孩子在家里总是和老人、玩具或电视打交道,交往需要难以满足。当家中有客人时,他们就感到好奇、兴奋,希望别人注意自己。如果主客交谈而不理睬孩子,孩子会在心理上觉得被冷落,便有意识地做出一些失常行为,以引起大人的关注。这实质上是在提醒客人和父母:不要把我忘记了。

### 3. 待客之礼的家教欠缺

有时,是对如何做小主人的家庭教育有缺失,孩子不懂得应该怎样面对客人。有时,是孩子体验到,当有客人在,不管怎么闹,父母一般不好意思训斥自己,因此更加放肆,做一些平时不敢或不能做的举动。还有的则是孩子表现欲较强,喜欢在众人面前表现又不会掌握分寸所造成的。

## 我们那些招儿

### 1. 家长可以这样做

◎ 行为训练法

经常带孩子外出交往,学习待人接物的方法及礼貌行为。在家中,则要培养孩子独立游戏，大人有事情时不纠缠大人、不妨碍大人做事的习惯。

◎ 暗示法

客人来后，介绍家庭成员时，要很正式地向客人介绍孩子，并对其稍加夸奖与鼓励。如"我家孩子是个懂事的孩子，最会自己玩了"或者将家长对孩子的希望说成对孩子的表扬语言。当孩子仍按捺不住自己的兴奋时，家长可以继续暗示道："客人阿姨最喜欢看你画的画（搭建的高楼、做的手工等），快去自己玩吧！"与此同时，可以用较严厉的目光或稍用力地拍孩子的肩膀，暗示自己的不悦。

◎ 表演法

对于表现欲较强的孩子，可事先和孩子商量好，给他表演的机会，并将表演后的安排与孩子商量好，让他去做事先安排的事情，不打扰客人。客人来后，在时间条件允许的情况下，可以让他在客人面前表演一些小节目，如唱歌、背儿歌、跳舞、弹琴等等。

◎ 游戏法

孩子是非常喜欢游戏的，在游戏中孩子很乐意遵守规则。因此，客人来后，可以安排孩子做小招待员，以游戏的形式掌握表现的尺度。

◎ 奖惩法

客人离开后，可以和孩子认真谈谈孩子刚才的表现，对做得好的行为或知道做错并表示以后将会如何做，应及时给予奖励，对表现差的要批评或取消本来要带他去公园的约定等，给他一个较为深刻的教训。

**2. 教师可以这样做**

◎ 通过教育活动进行指导

通过故事讲述、游戏或角色扮演等，让孩子知道如何做小客人、小主人，并在游戏中进行模拟练习，教师有意识根据孩子表现和教育目标，进行指导帮助。

◎ 组织家长义教

开展班级活动，倡导班级家长不定期地开展"到朋友家做客"活动，让有兴趣培养孩子这方面能力的家长轮流组织活动，并让家长有意识地引导孩子怎样做小客人、小主人。

◎ 家园共谋方法

进行家园配合，与家长就如何教育喜欢"人来疯"的孩子开展家教策略讨论，教给家长一些方法。

# 11 孩子好动,怎么办?

## 宝贝那些事儿

四岁小男孩舟舟,无论在家还是在幼儿园,表现都非常好动,在家爬高爬低,一会儿将玩具到处乱丢,一会儿将厨房的锅盆翻来翻去,将妈妈择好的菜扔一地;在幼儿园时,别的小朋友安静听故事,他一个人东走西走,别人画画做游戏,他独自在活动区里一个人摆弄玩具,老师一个转眼没看到他,他就跑出教室,到处乱跑……仿佛一刻都安静不下来。

## 背后那些理儿

### 1. 天性使然

孩子年龄小,对每件事物都充满好奇心,活泼好动是他们的本性,是再正常不过的事。这是孩子与大人的一个最明显的外在区别。反之,小小孩童像个大人似的沉稳不动,倒真是个令人担忧的事了。

### 2. 教养习惯

部分家长对独生子女放纵、娇惯。养成小孩特别任性、自私,不能正确分辨事物。由于自幼养成有求必应的习惯,以致孩子唯我独尊、不讲道理、不尊重他人、冲动任性、做事不考虑后果,也会表现为上课不专心听讲,小动作多等。但这部分孩子对自己感兴趣的事情,是可以做得很好的。

### 3. 气质特征

人的气质有不同的类型,有一种类型叫做多血质。多血质孩子的明显特点就是活泼好动,情绪不稳,注意和兴趣容易转移,做事常常不够专心。年龄越小,气质类型的特征就越明显。这也是很正常的事,因为气质不分好坏。

### 4. 智力差异

人的智力水平是有差别的。有的孩子智力确实比一般孩子明显高出一截。这样的孩子和一般的孩子在一起上学,教学内容就会让他们"吃不饱",他们就学有余力。这些多余的精力怎么办? 孩子是不会安排自己的精力的。于是,就常常表现为不注意听讲,活泼好动,时间一长还会形成习惯。结果,旁人没看出他们的聪明却总看到他们的异常与多动。还有相反的情况,另一些孩子对上课的内容缺乏兴趣,也容易走神,总想去做自己感兴趣的活动,去探索大千世界,这样的孩子也容易被人认为好动。

## 我们那些招儿

### 1.家长可以这样做

◎ 观察、解读孩子

家长要教育孩子,首先就得观察解读孩子,了解他们的好恶,了解他们在关注什么,交流什么。通过观察,你能对孩子有更多的理解。他们追逐或许是在扮演警察和小偷,他们打碎东西或许是在探究物体的特性,他们给花草浇开水或许是担心花草太冷了……因此,我们需要通过观察更多地了解孩子,并针对性地给予指引、支持、制止、协助、引导等。

◎ 孩子朝你希望的方向发展

孩子会朝着你希望的方向发展,所以,家长不要轻率地给孩子贴上消极的标签。"怎么这样不专心!""一天就打架!""学习怎么老是走神!"这样的话就不如"眼睛看着书,专心地做事。""和同学好好商量,做好朋友。"给孩子清楚的方向和具体动作的指引,孩子会越来越好。

◎ 在家为孩子科学安排一日活动

孩子小,好奇心重,因此,我们要让孩子有事可做,需要科学安排家庭活动。如:动静交替,先和孩子玩安静的活动,时间在 30 分钟左右,就要出门运动一下或散步、到超市购物等。对本来性格就活泼好动的孩子,更要如此,并加大运动量,让孩子充沛的精力得到发泄。同时,家长还要注意,千万不要因为孩子活泼好动就轻易判断孩子是"多动症"。这是两个完全不同的概念。

### 2.教师可以这样做

◎ 观察了解孩子好动的原因

孩子是性格原因,还是行为习惯的问题? 是教师组织的活动无趣还是不适宜孩子的能力？孩子动来动去到底在干什么？什么事情能让他专注？寻找这些问题的答案，从而了解孩子的真正需要并在区角活动中或日常生活中提供针对性的教育内容和措施。

◎ 培养良好的行为习惯

孩子在家都是处于自由散漫的状态，因此，尽快建立班级常规，培养良好的行为习惯，让孩子知道幼儿园集体生活必需的行为规则，如排队等候、依次进行、不影响他人等。

◎ 科学安排一日活动

教师要科学安排一日活动，做到动静交替。要求孩子安静活动的时候，要做到人人都静静地做事，逐步培养专注的性情。运动的时候，要充分地让孩子在开阔的地方，组织丰富有趣的活动，让孩子的身体得到锻炼，也让精力得到发泄。

# 12 孩子痴迷于电子产品怎么办？

## 宝贝那些事儿

四岁的天天，从一岁多的时候，就会像大人一样点手机和 iPad 玩，爷爷奶奶非常开心，逢人就夸孩子聪明，这么小什么都会用。随着年龄增长，妈妈在手机和 iPad 里给天天下载了很多游戏软件，天天越玩越上瘾，每天缠着大人要玩 iPad 或手机。如果不给就哭闹，为了安抚孩子，大人只好满足他，可是一旦要停止时，天天又不依不饶，弄得大人很是头疼。

## 背后那些理儿

### 1. 电子产品本身的吸引力

电子产品根据不同年龄段设计色彩斑斓、丰富有趣、不断更新的内容，容易让孩子痴迷。

### 2. 电子产品对智力开发有一定作用

家长过于看重电子产品对孩子智力开发的功能和作用，任由孩子使用电子产品。

### 3. 家长偷懒

家长忙于工作、生活，出于"安顿"孩子的想法，只要孩子不吵不闹，一味满足孩子要求，把孩子交给"电子保姆"，由此让孩子慢慢上瘾。

## 我们那些招儿

### 1. 家长可以这样做

◎ 观念与认识

首先，我们要正确认识孩子们现阶段的学习特点，幼儿园的孩子是以直接参与、直接感知为主要学习方式，而不是以符号学习为主。电子产品不能替代可听、可闻、可看、可触摸、可交流的真实生活。为此，家长要花时间和孩子一起玩，让孩子和小伙伴玩，给孩子安排真实、丰富的活动，如骑车、打球、到朋友家做客等活动。

◎ 约定并预示

家长可以和孩子约定每次玩耍电子产品的时间,以每天一至两次,每次不超过 30 分钟为宜,并提前 5 分钟告知孩子约定的时间快到了,让孩子有心理准备。同时,家长要记住约定的时间,时间一到,家长要及时收好电子产品。

◎ 坚持与转移

家长要按照和孩子的约定,坚持实行约定内容。在执行约定的过程中,对家长的考验比较大,孩子可能会用哭闹、纠缠等方法向家长"挑战"。这样的"挑战"也许会持续 1～2 小时,孩子会不断地用各种方法磨,但请家长一定坚持住,同时,家长可以给孩子建议其他的玩法,如和孩子一起玩胶泥、玩具、看书、过家家等活动,转移孩子对电子产品的注意。在孩子能遵守约定的情况下,逐步减少孩子玩电子产品的时间和次数。

**2. 教师可以这样做**

◎ 约定与管理

在幼儿园与孩子约定每天回家使用电子产品的时间和次数,对孩子遵守约定的行为给予鼓励与奖励。

◎ 肯定与激励

在幼儿园的活动中,关注孩子感兴趣或擅长的活动,给予及时的表扬和肯定。比如,擅长绘画、手工的孩子,可以将他的作品装裱后向班级展示;喜欢讲故事的孩子可以请他定期给小朋友讲故事;擅长搭积木的孩子,可以将他的作品拍摄下来,展示在结构区和小朋友分享……让孩子在现实生动的活动中获得充分的肯定和激励,从而将孩子的注意力转移到真实的生活活动中。

◎ 多和家长沟通

老师将孩子在幼儿园喜欢的活动与家长交流,家长可以在家继续和孩子玩,并对孩子活动成果予以展示,让孩子获得成功感。比如,喜欢绘画的孩子,可以把他的作品装裱后张贴在家里;喜欢手工的孩子,可以把他的作品拍下来,收集成册和幼儿园小朋友、亲人分享;喜欢音乐的孩子,可以把他的活动录制展示……让孩子们在丰富的活动中获得被认可、被肯定的体验,慢慢转移孩子对电子产品的兴趣。

# 13 孩子玩了玩具之后乱扔,不收拾怎么办?

## 宝贝那些事儿

豆豆有很多的玩具,玩的时候很快乐,但每次玩了过后,玩具扔得到处都是,俨然是一个战场。对妈妈无数次地说"收玩具"、数"1,2,3"的话没有反应,要不,就是象征性收几块就跑掉了,再也不肯收拾……

## 背后那些理儿

### 1.理解孩子的玩耍

孩子的玩耍是孩子自发、自主的活动,孩子想玩什么就玩什么,想怎样玩就怎样玩,为此,孩子玩耍的过程中会使用到他需要的玩具材料,而且一般随着孩子玩耍内容的丰富,玩具的使用会越来越多。在成人眼中的"乱扔的玩具"也许正是孩子游戏的一部分。

### 2.孩子收拾整理的能力不够

有可能孩子使用玩具过多,超过了他能收拾整理的能力范围,为此,孩子可能会回避收拾玩具这件事。

### 3.孩子想继续玩耍

孩子不收玩具很大的原因是他还想玩,为此,也会出现家长经常说的"孩子不收玩具"的情况。

## 我们那些招儿

### 1.家长可以这样做

◎ 约定与"休息"

对于四岁左右的孩子来说,他们已经能够简单地收拾玩具。家长可以在家里和孩子约定玩耍的时间和收拾整理的内容,制订玩具"休息"约定。具体操作如下:如果孩子超过约定的时间不收拾玩具,家长可以代为收拾,但家长收拾的玩具就要"休息",被"休息"的玩具要放在孩子不能拿到的地方,在玩具"休息"期间孩子就不能使用这些玩具(具体"休息"的时间可以与孩子约定)。让孩子感受并承担自己不收拾玩具就没有玩具玩的结果。

◎ 协助与支持

家长要给孩子提供足够大小，适宜孩子能够自己收放玩具的柜子或玩具整理箱。如果玩具柜（箱）过高、过大，孩子就无法自己收拾玩具。另外，在孩子使用的玩具过多的情况下，家长可以适度协助孩子收拾整理一些孩子暂时无法自己整理的玩具，将孩子自己能够整理的玩具留给孩子整理，让孩子在收拾整理中体验"我能行"，慢慢培养收拾整理的习惯。

**2. 教师可以这样做**

◎ 观察与指导

教师首先要细致观察孩子的玩耍情况，观察判断孩子对玩具的使用情况，是无目的地乱扔还是有目的地游戏。对于无目的地乱扔要及时制止并给孩子指出玩具的家在哪里，请孩子把玩具送回家，必要时，可以暂时不让孩子使用玩具。如果孩子是有目的地玩耍，此时，教师则可以让孩子自由地玩耍或者以游戏同伴的身份，给孩子提出建议进行调整。

◎ 约定与提示

在班级里形成"自己玩的玩具自己收拾"的约定，在孩子们玩耍前予以提示，在游戏时间结束时，发出固定的音乐信号，提示孩子们收玩具。

# 14 孩子做事磨磨蹭蹭怎么办？

## 宝贝那些事儿

读幼儿园中班的丽丽做事总是磨磨蹭蹭的。早上起床磨蹭，叫了很久不起来，醒来后还在床上翻来翻去；要妈妈穿衣服，穿衣服也不肯好好配合；刷牙慢吞吞；吃饭不着急，妈妈急得不得了，又是嚷嚷，又是喂，可孩子却一点儿也不急。

## 背后那些理儿

### 1. 注意力不集中

四五岁的孩子注意力不集中，很容易受周围环境的影响，旁边有什么好玩的事就会让他忘记了初衷。边干边玩是造成这个年龄段孩子磨蹭的主要原因之一。

### 2. 年龄小

有时孩子磨蹭是因为孩子年龄小，缺少操作的技巧和动作不熟练造成。

### 3. 时间观念还在建立

对中班孩子而言，他们的思维具体形象，对看不见、摸不着的时间没有概念。他们做事的动力除觉得活动过程有趣外，往往只是盲目地服从大人的要求，他们的时间观念还在建立的过程中。

## 我们那些招儿

### 1. 家长可以这样做

◎ 切忌贴标签

孩子如果磨蹭，家长切忌在孩子面前说孩子"动作慢"，给孩子贴上负面标签。一旦家长给孩子贴上了这样的标签，孩子产生"自己就是动作慢"的心理认可，会对改进孩子问题造成障碍。

◎ 后果体验法

在孩子容易磨蹭的事情后面安排一件孩子非常感兴趣的活动。与孩子约定好做事情的时间，时间到时，提醒孩子一两次时间到（不要反复），如果他继续磨蹭，后面他感兴趣的事情就无法做了。如果孩子仍然磨蹭，家长也不再提醒，让孩子承担因为自己磨蹭造成的后果——无法进行自己感兴趣的活动，或者活动时间减少。

◎ 强化积极体验

家长要重点关注孩子不磨蹭的情况，并细心收集孩子积极行为的事件，经常在孩子、家人、朋友面前提起并强化孩子做得好的事，让孩子获得积极的自我体验，从而逐步改进磨蹭行为。

### 2.教师可以这样做

◎ 活动体验法

对中班孩子来说，比较有效的方法是让孩子在活动中体验时间的流逝。比如，在活动前，告诉孩子我们做活动需要的时间；或者和孩子商量，让孩子提出做活动需要的时间，并按照预计时间结束，让孩子在一次次的活动中感受时间的长短和易逝。

◎ 设定"小闹钟"

与孩子约定他做一件事的时间，并按照约定的时间定时，到时间闹钟响。如果孩子在约定时间内完成了要做的事情，要对孩子的行为进行及时的肯定，如对孩子说"你真快！""做得又快又好！"等鼓励性语言。

# 15 孩子"懒"，什么事情都要家长帮忙做，怎么办?

**宝贝那些事儿**

四岁多的妞妞长得人见人爱，可就是什么事都要家长帮忙做。画画用的画笔、颜料扔一桌；玩了玩具扔一地；刷牙要家长手把手刷；穿脱衣服、鞋袜、扣纽扣都还不会，要等着家长帮忙做，甚至上幼儿园都要妈妈抱……如果让她自己做，她就说"我不会……"。眼看别的四岁多的孩子都能自己做这些事了，妞妞妈很是着急，"我家妞妞怎么就那么'懒'啊?"

**背后那些理儿**

分析这些现象后面的原因主要有:

**1. 家长"心疼"孩子**

有的家长认为"爱"孩子就是把一切准备好，不让孩子"受苦受累"是对孩子的爱。

**2. 家长怕麻烦**

也有的家长认为孩子做不好，孩子参与做事比自己做麻烦，不如自己做。为此，"懒"孩子背后可能就有一位"勤快"妈妈，随时为孩子解决问题。

**3. 家长要求"过高"**

四岁多的中班孩子，动作发展的协调性和灵活性还不足，做事情肯定没有成年人那么快、准，家长的"过高"要求与孩子的发展可能存在着差距，造成家长的焦虑，为此，家长就"包办代替"，从而减少了孩子发展的机会。

**4. 孩子安全感的缺乏**

爱说"我不会"的孩子，在心里其实是害怕失败，怕做事情"失败"后受到家长责怪，以"我不会"来避免做事。

## 我们那些招儿

### 1.家长可以这样做

◎ 建立安全感,让其在错中成长

家长首先要建立孩子在错误中学习,在错误中成长的观念,给予孩子充分的安全感,让孩子敢于尝试,正视失败。从不会到会的过程中,孩子肯定会有一些做得不够完美的地方,家长应能接纳孩子的犯错。

◎ 孩子点滴积累,步步成长

家长要将目光聚焦在孩子做事过程中点滴的进步和付出的努力,多积极鼓励,少批评指正,让孩子在做事的过程中获得被认可、被接纳的积极情感体验,从而慢慢愿意做事。

### 2.教师可以这样做

◎ 榜样激励,积极肯定

在幼儿园老师常常会表扬能干的孩子,利用孩子的好胜心激励孩子向同伴学习,或发起同伴间的比赛,让孩子在友好的竞争中,学习做事。比如,幼儿园常常会开展"我长大了""自己的事情自己做""我会做的事情"等活动,目的就是帮助孩子学习自我服务,让孩子在多次的尝试中学习做事。

◎ 尝试做事,体验成功

对暂时不会的孩子,老师常常会有针对性地给孩子一些他能胜任的活动,让孩子在尝试中获得成功体验,从而愿意做事。比如,对于不爱收拾玩具的孩子,老师会请他从收拾一种玩具开始让其尝试做事,并及时给孩子鼓励,然后,慢慢请孩子收拾两种玩具,循序渐进,帮助孩子从一次小成功中体验做事的成就感,愿意做事。

# 16 孩子做游戏赢得起、输不起，怎么办?

## 宝贝那些事儿

蒙蒙是个特别聪明的小男孩，性格外向、能说会道，一度曾经是同龄孩子们中的"领导型人物"，更深受老师的喜欢。但近来一段时间，蒙蒙在游戏中的一些突出表现引起了家长和老师关注：每次玩竞赛性游戏时，只要蒙蒙没有获胜，原本兴致勃勃的他就会拒绝继续参加游戏，甚至把玩具或者材料推翻、踹到，然后涨红着小脸生气地嚷着："一点也不好玩！我才不要玩呢！"甚至有时还会大声哭闹或是对获胜的同伴动手。

## 背后那些理儿

### 1.受过多关注导致自尊心过强

现在的孩子大部分都是独生子女，在家里总是集"万千宠爱于一身"，孩子的心中便逐渐会萌发出"我是最棒的"这一想法。同时，教师无形中对能力较强的孩子特别关注，也容易滋生孩子的骄傲情绪，导致自尊心过强，总希望自己在集体中无论做什么事都比别人强，并想以此获得周围人的更多认可与钟爱。一旦没有做得比别人好，就会觉得很没面子，从而产生消极的情绪。

### 2.缺少正确面对失败或挫折的方法

如今家庭和幼儿园使用"赏识教育""保护教育"比较多，往往忽视了"挫折教育"的必要性，在引导孩子如何正确地面对失败和挫折上，方法也比较笼统，从而导致孩子经受不住失败，遇到失败就无所适从，情绪得不到正确的释放。

## 我们那些招儿

### 1.家长可以这样做

◎ 尊重孩子的个性差异，正确看待孩子的失败

在家庭教育中，家长不要将孩子的输赢当成自己的"面子"，更不要在孩子遇到失败时抱怨孩子。家长正确面对孩子成长过程中的"失败"，其实也是潜移默化地引导孩子用积极的心态看待失败，让孩子感受到家长看重的并不是某一次的结果，

而是过程中的努力和收获,从而向孩子传递正确、积极的价值观。

◎ 鼓励与挫折并存,不让孩子成长道路偏移

可以给孩子留一些面对挫折的机会,让孩子在失败的经历中更好地认清自己,学会发现自己的缺点,并学会解决问题的办法。

### 2. 教师可以这样做

◎ 不要"优待"个别孩子,不要让爱变成"个别化"的优越感

每一个老师在班上都有最喜欢的孩子,但是在教育中,我们不能对孩子偏心,要做到平等对待每一个孩子。老师的偏心会让"被爱"的孩子认为老师最喜欢的就是我,我做任何事老师都不会批评我,这样的"优越感"潜伏在孩子的心中,随着孩子的年岁长大会转变成"接受成功,拒绝失败"的得失感。

◎ 改变游戏的评价标准,淡化孩子的输赢意识

鼓励孩子积极参与集体活动,不要仅用输赢来评价,而应该引导孩子进行多角度的评价,如努力程度、进步程度、快乐与否、有无特别的收获等,让孩子感受到,还有很多东西比输赢更重要。

◎ 巧用游戏,在游戏中帮助孩子排除心理障碍

孩子在游戏中输不起往往是得失心较重的缘故。在活动中根据孩子的个性和能力发展特征,有意识地组织有针对性的游戏,还可与孩子进行个别谈话,让孩子在游戏中了解规则,明白每个人都有长处和不足,尝试将自己的情绪告诉给亲近的人,逐渐做到坦然面对输赢,学会享受游戏本身带给大家的快乐。

# 17 孩子缺少自我保护意识，怎么办？

## 宝贝那些事儿

安全问题的困扰如今在中一班愈演愈烈：几个胆小的孩子老被其他孩子欺负，有的已不愿上幼儿园；还有些孩子最近迷上了动画片《吧嗒吧嗒机器人》，里面有很多从高处一跃而下的动作让孩子崇拜不已。在下楼梯时，一群孩子为了比谁的胆量大、谁的"武功高"，相约从高处跳下，却没有意识到潜在的危险；前不久幼儿园进行"幼儿自我保护"演习，面对说"小朋友，你妈妈让我来接你，你跟我走吧"的"陌生的叔叔"，好多孩子只稍微迟疑了一下，就让叔叔牵着走了。

## 背后那些理儿

### 1.过度的爱使儿童失去了自我保护能力

中国的许多父母把生命的意义体现在宠爱的孩子身上。似乎觉得在孩子成长过程中牵着儿女的手是自己的责任。殊不知过多保护，导致大批"听话的乖孩子"在自我保护方面缺乏意识，他们欠缺的不是智力，而是自主判断及独立思考的能力，他们的自我保护的翅膀被父母的爱软化了。

### 2.孩子生理与经验的限制

从生理角度上讲，孩子处在生长发育的过程中，神经系统发育还不完善，视觉、听觉、触觉及动作的综合协调能力都较差，体弱的孩子就更容易受到意外伤害。再加上孩子的安全意识并非与生俱来，由于缺乏生活经验，孩子对自己行为将会产生的后果无法预见和防范，对突如其来的意外事故往往不能准确地作出反应。

### 3.孩子的好奇心与英雄主义

孩子们对身边事物充满了诸多的好奇，他们样样都想触摸、试探一下，总想看个究竟，弄个明白，问个清楚，对周围事物有强烈的"探知"欲望，甚至个别孩子还会受影视作品等的影响萌生"英雄主义"，正是在这些心理的作用下，孩子不断地去模仿，去接触，去冒险，乃至用身体去感觉未知，但十分有限的生活经验，还不足以使他们懂得自我保护。

## 我们那些招儿

### 1.家长可以这样做

◎ 做好孩子的榜样

安全教育融入日常生活之中才能收到最好的效果。父母以身作则，孩子耳濡目染,自然会遵守规则。过马路时,即使马路上没有一辆车,家长也要牵着孩子的手,一直等到绿灯出现,并且告诉他怎样分辨车辆和行人应该遵守的信号,所以孩子在过马路时会很自觉地看红绿灯。

◎ 培养良好的生活习惯

孩子良好的生活习惯能有效地规避意外发生,比如:鞋带系得牢固可避免跌倒摔伤,热汤热水吹一吹再喝能避免烫伤,吃饭不嬉笑打闹可避免气管进异物……要注意对孩子这些生活小节的训练,孩子能做的事就让他自己做,绝不包办代替。另外,尽量不用消极的口气吓唬孩子,"不准碰!""不许!"这样的语言会让孩子变得特别胆小。

◎ 坚持进行自我保护教育

平时家长应告诉孩子,不贸然接受陌生人的礼物、食物;在孩子要做一些事或游戏之前,提前告诉他一些可能会发生的危险,如果他没有听进去,那就权当"吃一堑,长一智"了,但有些要求必须严格照做,比如:插座等带电的物品不能摸、不能在马路上跑等。家长还要注意与幼儿园的密切配合,持之以恒,才能使孩子获得更高层次、更大意义上的保护。

**2.教师可以这样做**

◎ 加强体能锻炼,寓教于情境之中

教师要有计划地开展一些体能活动,增强孩子的体质和肢体灵活性,并将自我保护常识贯穿于各科教学之中,让孩子掌握必备的自我保护常识,并通过情景演练逐渐掌握要领。教师可设计多种可能发生的情景游戏,向孩子提出问题,测试他们的反应,进而讨论学习自我保护方法,最终使自我保护达到一种由意识到行为,由行为到习惯的效果。

◎ 树立正确价值观,做到进退有度

教师在日常教育中既要注意纠正孩子的自我中心意识和从众心理,也要帮助孩子走出胆小、懦弱的心理暗区,比如:结合故事、生活中的行为,讨论"勇敢"和"莽撞"的区别,让孩子知道凡事不能一拥而上,逞强不是英雄,欺负同伴更是不受欢迎的行为;在受到欺负时,身体要先避让,以免受到伤害,然后尽快把情况告诉成人,当然,必要时可以警告对方。

◎ 培养表达能力,学习求助的方法

许多孩子遇到困难时只会哭泣、发脾气、惊恐失措,不敢或不会求助。所以要教会孩子用语言表达自己的意愿。平时要求孩子讲清楚一件事的内容、地点、时间,讲清请别人帮什么等。中班孩子应学会拨通自己家及父母工作单位的电话,并且知道110,119,120等呼救电话的含义。

# 18 孩子常常提不合理的要求，怎么办？

## 宝贝那些事儿

宁宁是家里的"小霸王"，在家里"要风得风，要雨得雨"。出门游玩走累了，专门指定要外公抱回家；晚上十点半了，还非要再看两集动画片才上床睡觉；家里切西瓜的刀，很好奇非要玩一玩；家里玩具已经堆成山，但只要看到别人有而自己没有的新玩具，就一定要买到手，而且还要更好的。只要不满足要求，宁宁就会又哭又闹，甚至以其他方式要挟家长。

## 背后那些理儿

### 1. 好奇心驱使下的"不合理"

有一类"不合理"要求是源于孩子的好奇心，对很多事物都想尝试，却考虑不到这些尝试会不会给大人的生活带来不便，会不会对自己产生危险，会不会对东西造成损害，这时通常就会被成人误解成为"不合理"的要求和行为。

### 2. 过度依赖，喜欢攀比导致的"不合理"

贪图享乐、安逸，回避痛苦、劳累是人的本性，孩子也是如此。比如：累了要大人抱，吃东西要大人喂，起床要大人催等。这些情况没到一定程度时家长觉得也不是什么大问题，再加上现在日益优越的物质生活和家长不愿"委屈"孩子的心理，很容易造成孩子想要就要、相互攀比。很多时候，类似的"不合理"要求都不是一夜之间出现的，与家长的溺爱和放纵有着必然的联系。

### 3. 试探底线、控制大人心理下的"不合理"

有时候，孩子提出一个要求，并非是仅仅满足这个要求这么简单，他是想通过这个要求来确认他对成人的控制，占领心理上的优势。可能他知道自己的要求是不合理的，但是他想证明的是"自己是否有求必应"以及"大人是否听我的"。

## 我们那些招儿

### 1. 家长可以这样做

◎ 建立明确的规则或约定

"没有规矩不成方圆"，父母要把孩子培养成有自制力、对自己行为负责的人，就要给孩子订立一些适合他们年龄和性格特点的规矩，而且这些约定要尽可能具

体一些,具有可操作性。另外,为了孩子能做得更好,父母可以同孩子一起制订这些约定。

◎ 及时转移孩子的注意力

孩子执拗于不合理要求的一个重要原因是:不能从时间、地点、场合等方面来考虑自己的行为、愿望的可行性。这时除了可给孩子语言上的告诫外,还可以利用孩子注意力不稳定的心理特点,巧妙地将他的注意力引到别的事情上,使他在不知不觉中放弃原来的行为或愿望。

◎ 说明拒绝的原因,说了"不"就要坚持到底

孩子提出不合理的要求,一旦被拒绝,往往会以哭闹要挟,这时建议父母们冷处理。先简单说清楚你拒绝他的理由,然后做自己的事情,对他的哭闹行为不予理睬(但要留意孩子的安全),竭力控制自己不去哄劝或妥协。这样,孩子会从父母坚决的态度中了解到哭闹是没有用的。

**2.教师可以这样做**

◎ 了解孩子的初衷

面对孩子的不合理要求,多追问孩子几个为什么,了解孩子的要求初衷:"你怎么了? 为什么要……你是因为……还是因为……"孩子的很多要求虽然不宜满足,但是并非这样的要求是过分或者不合理的,比如孩子对各种事物的好奇和探索。这时候,我们正好帮助孩子来增长相关的知识和能力。

◎ 说明后果或亲身体验后果

如果孩子提出不合理要求,那老师就正面陈述后果,并有意强调后果的严重性。孩子有时执拗于他提出的不合理要求,是因为受自身知识经验的局限,无法理解成人讲的道理,无法想象事情的后果和情景,因此有时不妨让孩子亲身去体验一下,对以后处理类似的执拗行为是有帮助的。

◎ 及时肯定进步,强化合理期望

在孩子能够收回不合理要求,或是说到做到时,及时肯定并鼓励孩子的进步和变化,比如:"宁宁说到做到,今天下午宁宁就可以和好朋友一起分享最喜欢的活动区时间。"积极的肯定和鼓励会减少孩子不合理要求的频率。

# 19 孩子不乐意与人分享，怎么办？

## 宝贝那些事儿

洋洋近来让爸妈和老师有点头疼。亲戚家的小孩来家里玩，妈妈特意买了好多平日里洋洋爱吃的零食，让洋洋请客人分享，可洋洋直接把零食搬到了自己的卧室里，还振振有词地说："这是我的妈妈买的！是我喜欢吃的！"在幼儿园也一样，同桌的恩琪没有粉红色的油画棒，而洋洋正好有一支，但洋洋就是不同意借给她，理由是：自己的油画棒已经很短了，再借给恩琪就要用完了（事实上油画棒还很长）。一旁的老师看不过去了，引导、"命令"洋洋把油画棒借给恩琪。洋洋极不情愿地借给了恩琪，但当老师转身离开后，马上一把抢过了油画棒，又放回了自己的盒子里。

## 背后那些理儿

### 1.日常生活经验少，分享意识不到位

孩子不愿意分享，与日常生活经验较少密切相关。孩子往往会以为一分享就失去了对玩具、食物等的控制权，因此还不能做到完全平等、自愿地、非功利性与人共享资源。分享的时候会以交换为条件，渴望得到成人的表扬。

### 2.成人逗孩子不得当，分享意识被误导

有的成人提出要分享孩子的东西，如果孩子不答应，成人就佯装争抢，孩子吓着了，以后更不愿意与人分享；如果孩子答应，有的成人又不分享了，而是"独享"了孩子的心爱之物；也有的孩子爽快地答应分享之后，成人马上说："宝宝真乖，我是逗你的，你自己留着吧。"孩子就误以为分享只是一个游戏而已，不但别人会原封不动地还给自己，还能得到成人的夸奖，却不明白这是"伪分享"。

### 3.家长围着孩子转，分享锻炼机会少

现在的孩子大多数都是独生子女，从小就独自拥有所有的食物、玩具、空间，没有和兄弟姐妹分享的机会。如果还有爷爷奶奶、爸爸妈妈支持孩子独享，搞特殊化，孩子很容易变得一切以自我为中心，只知道自己有需要，不知道别人也有需要，结果只顾自己不顾别人。

## 我们那些招儿

### 1. 家长可以这样做

◎ 平时积累有借有还的生活经验

分享玩具有时是与小朋友共同玩,有时是暂时借给小朋友单独玩,后者需要孩子有安全的归还意识才能做到。孩子很少积累有借有还的生活经验,因此,可以在家对此进行模拟练习,故意借一借孩子的东西,答应 10 分钟之后还给他,还的时候突出:"宝宝,这是刚才妈妈借你的××,现在还给你,谢谢!"久而久之,他就明白了所谓分享其实就是暂时离开自己一会儿,过一会儿还会回来的,自己没有什么损失。

◎ 主动创造锻炼孩子分享的机会

分享之前学会分配,上街买东西的时候要照顾所有家庭成员的需要,孩子不但要知道自己最喜爱的,还要知道爷爷奶奶、爸爸妈妈最喜爱的,平时买回来水果、糕点时,让孩子进行分配,观察孩子能否分配合理。家庭平时养成大家一起分享好吃的食物、不吃独食的好习惯;爸爸妈妈与孩子一样过生日,家长给孩子操办生日活动,孩子也要为家长过生日表达心意、准备礼物,体会一家人分享快乐的亲情。

### 2. 教师可以这样做

◎ 引导但不苛求真正意义的分享

真正意义的分享是心甘情愿的、主动的分享,不是因为表扬、交换或者别人的要求才做的。但是,孩子的心理发展水平有一个从不成熟到逐渐成熟的过程,期间会出现与孩子自然发展特点相关、分享意识还不完全到位的各种"伪分享",不要苛求孩子一下子就做到真正意义、成熟的分享。值得注意的是,在要求孩子分享之前,要使他有足够的时间欣赏、玩弄自己的玩具,维护孩子的所有权意识,物权和所有权作为孩子自我意识的一个部分,是通向分享的必经之路。

◎ 做分享游戏,体验分享的快乐

多组织一些需要分享合作才能完成的游戏。比如:让每个小朋友都带两三个好玩的玩具,然后相互交换玩,在孩子玩得正兴奋的时候,及时地启发他:"这些都是其他小朋友的东西,大家一起玩真有意思! 你愿意分享你的东西吗? 拿你最喜欢的玩具让大家玩一会儿好吗?"让孩子体会分享是相互的。教师可以根据孩子的实际表现水平,循序渐进地提高和锻炼孩子更高水平的分享。

# 20 孩子对什么都无动于衷，怎么办？

## 宝贝那些事儿

豆豆在老师和小伙伴的眼里有些"奇怪"。区角活动时，小朋友玩得不亦乐乎，唯独豆豆静静地待在座位上，任凭老师和同伴怎么热情邀请，她总是摇摇头回答："我不想去。"这样的情况在其他环节里也比比皆是：豆豆从来不主动回答问题，似乎也从未对同龄孩子喜欢的新奇事物表现出兴趣，和小朋友玩玩具也不争不抢，有时必须是老师分给她一个玩具她才有得玩，不然她就干坐着。

## 背后那些理儿

### 1.特殊儿童的个体表现

豆豆的行为和同龄人比起来略显特殊：一是性格有些孤僻。孤僻是一种自我封闭的心理和行为表现，不能与人保持正常关系、经常离群索居的心理状态，生活在"自己的世界"里，所以豆豆对身边的事情总是无动于衷。二是兴趣点与众不同。每一个孩子无论从个性、能力发展等诸多方面都存在个体差异，以至于每个孩子对待身边的人或事的兴趣点也不一样。在豆豆的眼里也许她接触到的事都不是她的兴趣，所以才有这样的表现。

### 2.长期缺乏与外界的交流互动

不善于与同伴交往，这种性格的养成与家庭教育有很大的关系。家长也许对孩子的教育方式是"圈养"，以至于孩子缺乏与其他孩子交往及共同活动的能力，缺乏相互合作的习惯及体验，感受不到共同合作后所带来的一种快乐，从而可能产生了自卑感、孤独感，就越发不爱和同伴交往，在集体中就表现得无所适从。

## 我们那些招儿

### 1.家长可以这样做

◎ 多花时间与孩子亲近，了解孩子最真实的想法

为了让孩子脱离"圈养"的生活状态，父母每天应该多花些时间与孩子交流，引导孩子说一说幼儿园的生活，了解有趣的、无趣的、生气的、沮丧的事情，了解孩子

"无动于衷"背后最真实的想法和感受。

◎ 多创造条件带着孩子与同伴一起玩耍

父母可以带着孩子走出家门，为孩子创造更多与同龄人、陌生人交往的机会。如利用节假日或者晚饭后，多带孩子与同伴接触，鼓励孩子邀请班上的小朋友去家里玩等。

◎ 多以身示范，教会孩子与人交往的方法

在集体生活中，没有掌握与同伴交往的方法，会让孩子离集体越来越远。带着孩子和同伴玩耍，父母可以用语言或行动教会孩子如何与同伴交往，帮助他克服交往障碍，进而主动与同伴交往。

### 2. 教师可以这样做

◎ 了解孩子的兴趣所在，让孩子与集体相互了解、接纳

教师在集体活动中多关注孩子的行为，并针对性地解读这些行为背后的原因，找准孩子的兴趣点，因材施教。同时，教师可以经常鼓励孩子参与集体活动，也可以以"结对子"的方式让同伴带着孩子参加活动，使他感受到集体的温暖，慢慢拉近孩子与同伴之间的距离。

◎ 发现孩子的闪光点，让孩子在集体中树立信心

性格孤僻的孩子在集体生活中容易被忽略，多给孩子创造机会，表现自己，找到孩子的闪光点并加以鼓励，从而树立起孩子在集体中的自信心。自信心对孩子一生的心理健康有着重要的影响，从小培养孩子相信自己的力量的心理品质，无论对个体的身心健康发展，还是对提高群体素质都有不可低估的作用。

# 21 孩子认错快却屡屡再犯，怎么办？

## 宝贝那些事儿

毛毛外号"三快"小子——动作快、认错快、再犯更快！你瞧，阅读活动时，其他同伴都在认真地看着书，可毛毛把书卷来折去的"老毛病"又犯了；在家里玩玩具，毛毛每次都会把玩具弄得到处都是，总是不记得收；在小区里玩皮球，非要到窗户最多的地方去……这些问题大人都教育过很多次，每次毛毛认错的速度非常快，常常是大人正准备批评教育，"我错了"的话已经落地，甚至有时还捎带着声泪俱下。错虽是认了，但似乎毫无效果，毛毛仍旧是一犯再犯。

## 背后那些理儿

### 1. 儿童的一种"试误"行为

孩子有自己的准则，有些"错误"是成人认为的标准，或许孩子并未认识到错在哪里，该怎么做。他们的是非观念，是通过不断地尝试来形成的——"这样是对还是错呢？大人是什么反应？为什么？我再试试！"他们是通过"试误"来建立和明确对生活规范、日常礼节的行为准则的。另外，在孩子发展进程中，肌肉动作、技能都是在逐步完善的，他的错误和过失也许是在练习中发生的。

### 2. 深刻了解快速认错的好处

孩子认识到认错快能减轻惩罚。试想一下，面对一个垂直站好，小头深埋甚至泣不成声认错的孩子可怜的样子，你还能采取严厉的方式对待吗？成人此时一般只会责备、叮嘱几句："得了，认识到错误就算了，改吧。"不揍揍，不揍训，让本该受到某种严厉惩罚的行为变成忽略不计或者一种形式主义。

### 3. 教育的方式不够民主

教育方式跟孩子快速认错有很大关系。比较民主的教育方式，往往倡导循循善诱，鼓励孩子知错、认错，以及指导怎么做是对的，一般以语言交流为主，肢体语言从不在考虑之列。相反，在比较刻板和森严的教育方式下，孩子知道自己的过失行为即将面临的是什么,所以犯错认错,是不二之选,而且速战速决。

## 我们那些招儿

### 1. 家长可以这样做

◎ 扮演优秀"广播员",强调行为后果

当孩子正在做一件成人眼中的"错事"时,把看到的和听到的,用语言如实地播报出来。"哦! 杯子摔碎了,真可惜!""你这样可能会摔跤的!"让孩子知道这样的行为会发生让大家都不愿看到的后果。

◎ 先接受孩子的"错误",再问明原因

当孩子制造出混乱时,请不要过度反应或是瞎演绎、判断,试着平复情绪,接受孩子"错误"的事实,蹲下来去了解背后的原因,多问孩子几个为什么:你在做什么呢? 你想怎么做呢?

◎ 正向鼓励引导,强化孩子的正确行为

用自己的语言将孩子引向正确的方向,并及时鼓励。"请把水杯放在桌子上或递给我!"(大多数家长第一反应是:不要碰倒水杯! 结果,孩子真的把水杯碰翻了!)

### 2. 教师可以这样做

◎ 找准症结,家园合力

分析孩子屡屡犯同一个错误的原因究竟是什么,先找准症结,然后与家长在教育目标上达成一致。在孩子犯错以前先与孩子谈话,明确表达成人对事情的态度,并和孩子约定一个改正期,在改正期内可以伺机提醒孩子,并允许孩子一两次因无心导致的再犯,从而让孩子感受到尊重,也懂得只有言出必行才能获得信任。

◎ 软硬兼施,对事不对人

如果孩子是因为莽撞犯了错而非故意为之,教师可以告诉他下次怎样做才能避免此类问题的发生,并对孩子的改进情况给予表扬鼓励;对于恶作剧和明知故犯的情况,教师可以适度、巧妙地给孩子一些惩罚,比如:让孩子为同伴服务,取消原先计划好的、孩子期盼已久的活动等。但要注意的是,惩罚之前必须向孩子说明惩罚他的原因,并给孩子一个解释的机会;惩罚一定要及时、有效,切忌秋后算账、挖苦讽刺或给孩子贴上标签,在惩罚的同时要保护好孩子的自尊心。

# 22 孩子阅读时总是没有耐心，容易分神,怎么办?

## 宝贝那些事儿

阅读活动的时间到了,文文拿起一本书,直接翻到第一页开始看起来,看了不到一分钟,他就直接翻到最后两页,不到一分钟他又翻了回来。总共不到五分钟,一本书就被他很快地看完了。在阅读的过程中,他一边看书,还一边和旁边的小朋友大声讲话,有说有笑。我们注意到,他之所以看得很快,是因为他只粗略地看了书中的图画,对于书中的文字及其他信息丝毫没有留意。

## 背后那些理儿

### 1. 对阅读的对象理解较狭隘

许多人认为书里的故事才是阅读的对象,只要把故事内容搞清楚了这本书就算阅读完了,其实阅读对象远远不止故事那么简单。还包括书名、作者、页码等等。这些都应该是孩子阅读的对象。让孩子对阅读感兴趣,还必须要让他了解故事背后的故事,比如作者的生平、作者的其他著作、关于这本书的小故事,等等。

### 2. 成人不重视孩子阅读习惯的培养，没有建立阅读规则

成人往往比较重视阅读的结果,比如学到了哪些汉字和词语,懂得了什么道理等等,然而阅读本身的习惯却很容易被人忽视。比如翻书的动作与顺序、阅读的坐姿、观察图画及文字的方法等等。对于阅读也没有统一的行为和时间上的规则要求,如看书时只能小声讲话,不能起身追跑,不乱扔书籍等等,每天必须看书 20 分钟等。

### 3. 缺少较小干扰的阅读空间

中班孩子相对于小班孩子而言活动能力较强,而相对于大班孩子而言自控能力又较弱。因此中班孩子往往显得十分躁动,很难安静下来进行阅读。这个时候

就更需要给他们提供一个安静、干扰少的环境。

## 我们那些招儿

### 1. 家长应该这样做

◎ 与孩子开展分享阅读，以身作则示范阅读规则与方法

分享阅读是指在轻松、愉快的气氛中，以培养孩子的阅读兴趣、习惯，发展他们基本的阅读能力为主要目的，成年人和儿童共同阅读一本书的类似游戏的活动。家长进行分享阅读时，一定要强调正常的拿书、逐页翻书、先看左页后看右页，仔细观察、寻找线索、扩展画面、反复阅读、爱护图书、看书时不折书撕书抢书、轻拿轻放、不在图书上乱涂乱画，并让孩子懂得看完书要放回原处，放时封面向上，封底向下。家长在为孩子逐字朗读大书的时候，孩子会把自己听到的字音和看到的字形一一对应起来，从而意识到每一个字形都负载着一个精确的发音，字形和字音之间存在着匹配关系。

◎ 创设安静、舒适的阅读环境

家里有一个安静、舒适的阅读环境十分重要，这样孩子就不会养成阅读时三心二意的坏习惯。并且阅读过程的舒适感会直接影响孩子对阅读本身的好感。较好的阅读环境应该包括两个方面，一是物质层面，要求光线充足、合适的桌椅、独立的书架、适宜的图书等等；二是精神层面，要求和谐的家庭关系、酷爱阅读的家长和适宜的阅读规则等等。

### 2. 教师应该这样做

◎ 建立阅读区活动规则

每个活动都应该有相应的规则，阅读同样不例外。阅读区应该将读书规则张贴出来，用文字加图片的方式让每个孩子记住。在规则建立之前，可以和孩子一起讨论该规则的建立，获得认同感。一般阅读区的活动规则包括：1. 每次只能选择一本书阅读；2. 放回图书时需放回原处，封面朝上，封底朝下；3. 阅读时只能小声讲话，不乱跑，等等。

◎ 教孩子认识页码、书名、作者、文字与图画之间的关系等内容

除了对书本的内容感兴趣之外，孩子应该对作者、书名和这本书本身感兴趣。通过对其他内容的认识来加强阅读兴趣，引导孩子去读这位作者或与这本书主题相关的其他书籍。在教学中，引导孩子建立文字与图画之间的联系，在观察图画的

同时认识常用的汉字与符号,也在这个过程中提高观察图画的能力。

◎ 将阅读区设置在安静的区域,减少干扰

幼儿园室内活动区角应按由喧闹到安静的顺序连续地安排活动区域,避免将喧闹的活动区与安静的活动区安排在一起。同时,区域之间应该有分隔。若空间没有适当的分隔,则容易使孩子感到杂乱无序,从而产生不稳定的情绪。在设计区角活动空间时,首先应设置大小不等的空间间隔以适合不同人数小组的活动。最小的空间作为安静区或隐蔽区,稍大一些的空间适合孩子小组活动。

# 23 孩子总爱问"为什么",怎么办?

## 宝贝那些事儿

操场上出现了一只猫,引起了康康的注意,也打开了他的问题匣子。

康康:"那是一只猫吗?"

老师:"对,是一只猫。"

康康:"它为什么叫猫呢?"

老师:"人们都这么叫它。"

康康:"那它在干什么?"

老师:"它在睡觉。"

康康:"它为什么要睡觉?"

老师:"它和人一样,累了就要睡觉休息。"

康康:"人为什么会累呢? 有时候我累了都想睡觉。"

老师:"人的身体就像一个机器,工作久了,就需要休息,加加油,充充电。"

康康:"人休息的时候是怎么加油充电的呢?"

老师:……

## 背后那些理儿

### 1. 宝宝好问是因为他们有强烈的好奇心和求知欲

幼儿期对世界充满好奇,有些孩子思维特别活跃,"是什么""为什么"成为他们探知这个世界的钥匙和法宝,他们强烈的求知欲促使他们不停地发问,并渴望得到他们心中想要的答案。

### 2. 一种内在需求的表达

从社交情感需求的角度来说,孩子们主动发问,是他们社交行为的一个飞跃,他们希望通过发问来与成人交往,引起成人的注意。比如,孩子问:妈妈,你为什么要做饭啊? 人可不可以不吃饭呢? 其实孩子的言外之意在于"如果妈妈不做饭就可以陪我玩了"。还有就是孩子有某种需求不好直言时,他们会用发问的方式间接表达。如孩子看见大人拿着糖,想吃,又怕遭到拒绝。他会问:这个是什么呀? 它是什么味道的？它好不好吃呀？其实孩子问问题的根本目的不在于得到这些问题的答案，而在于希望能够吃到这个糖。这是孩子的一种交往策略。

### 1.家长可以这样做

◎ 始终对孩子的提问充满耐心

对孩子的发问感到高兴，要特别注意的是不能嘲笑孩子的问题，不能简单粗暴地打发或训斥孩子，不要态度不耐烦地对孩子说"你哪有这么多的问题呀？去去去！""我不知道，你问妈妈去吧！"因为嘲笑、简单粗暴都会使孩子丧失发问的意愿，扼杀孩子的求知欲。

◎ 给予明确具体的答案和解释

尽可能对孩子的问题给予明确的答案和解释，以满足孩子求知的欲望，丰富孩子的知识经验。问题要回答得明白、准确，不给错误的或含糊其辞的答案。如果有的问题把握不准，可以告诉孩子，这个问题自己还不是很清楚，需要去查查资料、看看书、上网寻找答案，如果条件允许可带着孩子一起去寻找答案，让孩子从中获得寻找答案的方法和途径。

◎ 反问引起孩子思考

有些问题可能孩子只是习惯性地问为什么，其实他们通过思考是能自己解决的，这个时候家长就可以通过反问引发孩子自己思考获得答案。比如：妈妈，我为什么要洗澡呢？妈妈可以说：是啊，你说说看，为什么宝宝要洗澡呢？不洗澡会怎么样呢？

◎ 适当转移注意，避免孩子无穷尽地追问

孩子的发问往往具有情境性、延展性。他们往往会因为某一个问题而起就层出不穷地发问，"为什么"对他们来说几乎近似于口头禅了。当孩子的问题问到你确实难以应对的时候，你可以用转移注意的方式应对。如："哈哈，宝宝头脑中的小问号全都飞出来了！现在，请小问号们飞回宝宝的头脑中去休息一下吧，妈妈和宝宝要一起看书了！"

◎ 理解孩子发问的真实意图

根据孩子的真实意图，满足孩子适当的内在需要，给予孩子适当的情感关怀。如，宝宝问："这个糖是什么味道的？"妈妈可以回答说："是啊，这个糖是什么味道的？宝宝吃一下就可以知道了！"

**2.教师可以这样做**

◎ 珍视孩子的问题

首先耐心地听取孩子的问题,并对孩子的提问行为给予鼓励和支持。对一些简单、明确、具有个人意义的问题给予及时正确的回答。

◎ 引发孩子之间、家长与孩子之间的互动与交流

老师可以把孩子的问题呈现出来,请小朋友讨论交流自己的答案或解释。如设立"问题树""问号墙"等,张贴呈现孩子的问题,引发孩子、家长的共同关注,一起讨论相关问题,得出问题答案,从而丰富孩子的知识经验,激发孩子的求知欲。

◎ 抓住有价值的问题,生成教育教学活动,引发孩子深入探究

老师可以从问题解决对孩子发展的促进意义、儿童现有经验水平和学习特点、问题解决过程的可操作性、环境资源的可利用性等方面进行价值辨识,对有价值的问题引导孩子深入探究,生成有效的教育教学活动,提高孩子自主学习、自主解决问题的能力。

# 24 孩子爱告状怎么办？

### 宝贝那些事儿

媛媛嘴甜、大方，自我约束力强，可就是特别爱告状。玩玩具的时候，她委屈地跑过来告小朋友的玩具打到她的脸；自由玩耍的时候来告小朋友在书包里带了零食；画完画后，她来告小朋友的材料没有收拾好；午睡的时候，她来告小朋友没有睡好……媛媛的告状似乎没完没了。

### 背后那些理儿

**1. 依赖的心理现象**

心理学家认为，"爱告状"是3～6岁孩子心理和人际发展过程中的阶段性特点，其实质是一种依赖心理现象。主要原因是孩子独立分析处理问题的能力未成熟，"告状"也是孩子和他人沟通的方式之一。

**2. 孩子的告状动机**

（1）被人欺负或遇到问题后，不知所措，希望寻求成人的保护和帮助，宣泄紧张情绪，获得心理平衡。（2）检举他人，希望做错事或违反规则的人受到批评和惩罚。（3）表现自己，希望大人对自己的是非判断作出认同，并得到肯定性的评价。（4）做错了事想逃避责任，避免受批评和惩罚。

### 我们那些招儿

**1. 家长可以这样做**

◎ 冷静面对孩子告状

听到孩子告状，家长首先不要有自己的孩子又吃亏了或自己孩子不停告状真烦人的心理，而失客观冷静的态度。不能因为觉得孩子不撒谎而偏听孩子一面之词，而应该平静耐心地倾听孩子说明事实经过，了解清楚事实真相，再作处理。

◎ 教育孩子宽容大度

除非孩子确实受到很大的委屈或伤害，很多问题可以淡化处理，家长不要急于追究被告责任，而应该让孩子明白常常状告他人的孩子可能会不受同伴欢迎，引导孩子形成正确的认知，换位思考，理解他人，原谅他人，学会宽容。如："小朋友有时候拉一下你的衣服，用手碰你一下，那是因为他喜欢你，想和你交朋友。""图书不是小朋友故意弄坏的,我们应该原谅他"。培养孩子心胸开阔大度,对孩子一生的成长非常有好处。

◎ 教给孩子处理方法

针对具体问题或事件,分析孩子的告状动机,教给孩子一些行之有效的处理方法。如:别人不让孩子玩玩具。可以引导孩子分析,他为什么不让你玩? 我们可用什么方法来应对处理? 并教孩子用交换玩具、轮流玩耍、玩其他玩具等方式来处理。

◎ 榜样示范,改变态度

家长应作好示范作用,与家人、邻居交往是多宽容,多接纳,以一种解决问题的温和姿态来影响孩子,遇到事情不是一定要通过激烈的告状来完成沟通。

**2. 教师可以这样做**

◎ 认真倾听,查明事实

孩子前来告状,老师首先要认真倾听,不能敷衍和心不在焉,否则会让孩子感到委屈、不受尊重或不被重视。切忌对孩子说这样的话:"你又来告状,烦死人了""不要老告别人的状,爱告状的孩子不是好孩子"。孩子告状后,老师要弄明白孩子告什么? 为什么告? 事实是否如孩子所告? 搞懂他们真正的心思,才能解决孩子告状背后真正的问题。

◎ 针对动机,分别处理

在弄清楚事实真相和告状的动机之后,采用不同的处理方式有针对性地处理。如果孩子因受了欺负和伤害告状,老师应查明事实经过,了解事情缘由,明白谁对谁错,然后进行处理和教育,要让孩子双方明白事理,避免委屈一方。若是告发他人违反规则性的问题,老师则应让孩子明白你的态度:"他的做法是不对的",然后根据问题的不同情况进行处理。如可以启发孩子思考:"你可以怎么帮助他不这样做呢? 或者你会像他们这样做吗?"若是为了检举他人,希望他人得到惩罚或批评的告状,老师则应该教育孩子,帮助他改变这种心理状态,可以对孩子说"他这样做确实不对,但你告诉我是希望我做什么呢?""如果你做错了事情,小朋友也这样来告你,你的心里会怎么样?""小朋友做错事情后我们怎样帮助他更好?"若是做错事想逃避责任而告状,则应该让孩子明白"虽然他人这样做不对,但你这样做也是不正确的。"总之,在处理各种类型的告状时,尽量引导孩子学习自己处理同伴间的冲突,不要张口就告,逐渐淡化其"告状意识"。

◎ 开展教育,提升能力

重视帮助孩子分辨是非,提高自我分析、解决问题的能力。通过情景模拟、文学作品或日常生活中的具体事件,让孩子讨论怎样正确看待小朋友之间的冲突问题,学会和小朋友友好相处以及分享谦让等。

◎ 家园合作,有效改善

老师应将孩子爱告状的情况与家长沟通交流,和家长共同配合教育孩子。

# 25 如何培养孩子的创造力？

## 宝贝那些事儿

美工区有一瓶胶水，是老师准备给小朋友做手工粘贴用的。浩浩老在想：为什么这个胶水流得这么慢呢，他把胶水倒在盘子里，又从盘子里倒回瓶子，洒了很多在桌子上，他还是见胶水流得很慢，就拿着胶水瓶到盥洗室，打开水龙头往瓶里灌水，保育老师发现了，很生气地说："你怎么又在玩水，衣袖都打湿了！"于是把浩浩赶出了盥洗室。回到活动室，老师也发现浩浩把胶水弄得到处都是，很生气地说："胶水是用来做手工粘贴的，被你全洒了，小朋友要用怎么办？今天你就别玩了。"于是，浩浩被限制了游戏，只能在一旁看着小朋友玩了。

## 背后那些理儿

创造力是社会发展进步的重要推动力，对于孩子来说是智力和能力的标志，是能否成才的重要因素。老师和家长们也都承认孩子的创造力培养很重要，也认为自己在日常的教育中很重视孩子创造力的培养，可在与孩子的交往互动中，往往不经意地限制、扼杀了孩子的创造力。

### 1.统一的评价标准、严格的监督、规范单一的玩法禁锢了孩子的创造力

比如老师出一幅示范画，要求所有孩子都必须和老师一样，画一只小兔，三个萝卜；活动区提供的胶水只能用来粘贴，不能用来做实验，否则就会被视为"捣乱"；孩子上个厕所，妈妈都在旁边守着，孩子本想试试按哪个钮出的水会大一些，也只好作罢。这些成人制定的规范、标准最好，以及"为了孩子好"的监督，其实正悄悄地、慢慢地扑灭孩子们创造的火花。

### 2.不恰当的竞争、一些物质的奖励扼杀了孩子的创造力

幼儿园老师经常对孩子说："今天我们看哪个小朋友做得又快又好。"这样的竞争，使得孩子只按老师统一的标准，用最短的时间完成，扼杀了创造的想法，因为创造一般都是需要花时间和走弯路的。家长最喜欢用物质的奖励使孩子屈服，如："你今天规规矩矩跟爷爷回家，爷爷给你买个冰淇淋。"为了冰淇淋，孩子都忍住了

在回家路上去逗逗蚂蚁,听听鸟鸣,不敢乱动一步,老老实实到家,探索、创造的机会都阻断了。

## 我们那些招儿

### 1.家长可以这样做

◎ 宽容孩子活动带来的脏乱

孩子玩沙、玩水、玩泥巴、玩颜料,以及木工、拆卸、手工制作等,最能在其中发展创造力,但是,为此带来的儿童身体、衣物及环境的脏乱,有多少家长能够容忍呢?责骂和禁止脏乱是扼杀创造力的一种方式,其实,我们可以提前做一些准备来减少脏乱,比如给孩子穿上特定的工作服;在地上或桌上先铺上不用的旧报纸;教孩子自己收拾整理环境……感受到孩子在创造性活动中获得的快乐,您就能宽容这些脏乱了。

◎ 对孩子的创造活动积极回应

家长对孩子创造性的努力回应是非常重要的,它能鼓励孩子继续创造,赞赏、惊叹、尊敬的态度能激励孩子们,孩子把一个皱皱巴巴的纸盒递到你面前,说:"看,我做的自动取款机。"你就要热切地回应:"怎么用?",而不是皱着眉头说:"什么哟?没看出来。"但我们也要注意,对孩子的鼓励要重过程、重事实,真诚。

### 2.教师可以这样做

◎ 为孩子提供具有挑战性的环境

创造力的培养依赖于思想的绽放,新颖的事物、改变的焦点和变化的观点能刺激创造力的发展。虽然孩子能从对熟悉材料重复的操作中获得舒适感和满足感,但只有增加了新材料或改变了材料时,孩子才能获得成长。教师必须知道孩子现在的发展水平,挑战能让孩子在现有水平上再上一个新台阶。比如,当孩子能用同样大小的雪花片进行延长和围合拼搭时,就要给他提供形状不一、大小不等的更复杂的结构材料了。

◎ 给孩子充足的时间和开放的空间

应该为孩子提供尽可能多的时间,让他们有充足的时间进行探索,完成创造性的活动,获得满足感。也应该在允许范围内提供最大的空间让孩子实施他的计划。比如孩子想做一个万花筒,需要手工区的材料,就要允许他在科学区与手工区间穿梭。如果孩子正津津有味地设计他的电话,到吃晚餐的时间了,就可以建议他晚餐后带回家接着做。

# 26 无意中，你的爱伤害了孩子，怎么办？

## 宝贝那些事儿

到幼儿园就要先洗手，林林奶奶扳着林林的小手仔细洗了，再擦干，送到教室。把手里的书包递给老师说："老师，林林不吃三鲜面块，中午我来接孩子回家吃。"又对林林叮嘱道："做早操时到旁边休息，别出了汗感冒。"

幼儿园放学了，欣欣妈妈接了孩子，看到孩子不怎么高兴，就问："欣欣，怎么了？是不是有小朋友欺负你了？""玲玲说，不跟我玩。"欣欣小声地嘀咕，欣欣妈一听，自己这么可爱的女儿竟然还有小朋友不跟她玩，顿时来气："谁稀罕跟她玩，走，妈妈带你去儿童天地玩。"

冲冲的爸爸觉得自己小时候被束缚了，对冲冲就非常开放，要让冲冲充分地自由。冲冲中午不想睡觉就不睡，幼儿园集中活动想离开就离开，冲冲损坏了物品，冲冲爸爸自己赔付，不会说冲冲一句不是。

## 背后那些理儿

### 1. 过度的爱使孩子变成"低能儿"

你也许很不赞同，爱，还有过度的？是啊，无选择地包办、无原则地迁就、无限制地纵容……都是过度的爱。就从上面的描述中，我们可以想象，家长如此"爱"孩子，林林会成为一个缩手缩脚，什么也不会的"低能儿"，欣欣会交不到朋友，冲冲会成为一个"小霸王"。家长们舍不得孩子们动一下手，受一点委屈，遭一点限制。他们的爱在无意中深深地伤害了孩子，阻碍了孩子的健康发展。

### 2. 放纵的爱会把孩子推向危险的深渊

有的家长自己童年时没得到的，都想让自己的孩子得到，对自己的孩子特别放纵，孩子想干什么就干什么，孩子闯了祸，家长就是在后面道歉、赔钱也不会责备孩子一句。这样"自由"过度，可以预见孩子不能适应以后的学习和生活，也许还会闯下家长无法赔付的祸事，甚至走向触犯道德、法律的深渊。

## 我们那些招儿

### 1. 家长可以这样做

◎ 懂孩子,了解孩子的需要

家长要关注孩子,仔细观察孩子,耐心倾听孩子,了解孩子发展中的需要,适时给予支持。比如发现孩子最近对图画书特别感兴趣,就和他一起选购一些他喜欢的图画书,并为他提供一个舒适、安静、敞亮的阅读环境,经常性地和孩子一起阅读;如果发现孩子最近喜欢涂鸦,那就给他提供充足的彩笔和画纸。

◎ 放手让孩子自己的事自己做

孩子应该自己面对的问题要让他们自己面对,孩子自己的事情让孩子自己做决定,适当地让孩子吃点苦。孩子在与同伴的交往中出了问题,孩子在探索中遇到了困难,孩子在生活中遇到了麻烦,我们不能挡在孩子的前面,让孩子一味地回避,因为回避是不能解决问题的,只有鼓励、引导孩子自己解决问题,孩子才能真正进入他的生活,在自己的人生路上一步一步地走下去。比如,孩子说小朋友不和她玩,家长应进一步了解具体情况,并给孩子一些人际交往的建议,鼓励孩子试一试,让孩子学会如何与人相处。

◎ 给孩子必须的限制

自由的意义不等于随心所欲,自由必须以法律、道德甚至集体的利益为底线,而不是任你胡作非为,小时候没有限制,有可能出安全问题,有可能交不到朋友,有可能遭人厌,长大了还是无所限制,就很可能在监牢度过余生了。家长可以与孩子协商,制订限制的内容,如:晚上什么时间盥洗睡觉;什么时候可以玩电脑,每次可以玩多长时间等。

### 2. 教师可以这样做

◎ 通过多种途径,向家长宣传科学的育儿知识

可以在家园宣传栏、家园 QQ 群、家长讲座中,向家长传播正确的育儿理念,介绍能促进孩子持续发展的教育策略,以案例的形式告诉家长对孩子的爱是无可厚非的,但要清楚什么样的爱才是孩子需要的,是对孩子终身的发展有益的。要把眼光放远一点,想想自己的每一个爱的行为,是否有益于孩子一生的发展。

◎ 多举行家长参与的教育活动,让家长看到孩子在幼儿园的自立和成长

让家长经常参加幼儿园的教育活动,亲自从活动中感受正确的教育方法对孩子发展的促进。如,举行"勤劳的小手自我服务能力展示",让家长看到自己的孩子不需要家长帮助,也会做许多事。让家长参与到孩子的游戏活动中,感受孩子更需要的是与他一同玩耍的朋友,而不是大包大揽的保姆。

# 27 如何培养孩子的想象力？

## 宝贝那些事儿

爸爸问："宝贝，放假我们到奶奶家去，你说我们坐什么去呢？""骑木马去。"孩子回答。"想什么呢，我是问你坐火车去还是坐飞机去，骑木马怎么可能去！"爸爸马上嗤之以鼻，"怎么不可以，我的木马不但能跑，还会飞！"

## 背后那些理儿

想象力是在外界现实刺激影响下，在人脑中对过去形成的表象进行加工改造，形成新形象的能力。没有想象力，孩子就没有对思维的间接认识；没有想象力，孩子就很难理解失误，就很难积累起知识经验，没有想象力，孩子就难以理解人我关系；没有想象力，就很难满足孩子的情感需要。孩子的想象是最活跃的，天马行空，无拘无束。所以，一定要培养和保护好孩子的想象力，让思维在想象中拓展。

## 我们那些招儿

### 1. 家长可以这样做

◎ 丰富孩子的感性经验

因为想象是要以过去形成的表象为基础，所以，培养孩子的想象力首先要以丰富孩子的感性经验为基础，丰富孩子的知识经验帮助孩子获取进行想象加工的"原材料"。多带孩子到大自然中，亲自感知日月星辰、花草树木、鸟虫鱼兽；多让孩子参与人际交往，在生活和交往中感受人与人的关系；多让孩子阅读，在丰富的图画内容中丰富孩子的感性经验。

◎ 提问引导孩子展开想象

提问是引发和促进孩子想象的一个重要手段。提问可开启孩子的想象，如问："小壁虎没了尾巴，会发生什么事呢？""你猜，小兔独自离开家以后会遇到谁？""当医生容易吗？ 如果遇到的是蜂鸟、鳄鱼、刺猬这些病人会怎么样呢？"……在与孩子的交谈中，我们多向孩子抛几个问号，也能大大推进孩子想象力的发展，如看到孩子搭了架飞机，问："这架飞机有什么特别的地方吗？ 你准备用它来做什么呢？"看到孩子在画老虎，问："这只威风凛凛的老虎准备去干什么？"孩子背上纱做的翅膀跑过来说:"看,我是蝴蝶!"我们可以马上问一句:"美丽的蝴蝶,你这是要到哪里去呀?"……诸如此类,在孩子的生活和游戏中适时地渗入问题的引导,能激发幼儿活跃的思维,创造无尽的想象。

◎ 与孩子共同享受想象的过程

其实,孩子很享受想象的过程,当他把自己想象成无所不能的侠士,帮助有困难的小动物时,脸上露出的一定是兴奋的笑容。家长要为孩子提供充分的时间、空间和材料,让他在想象中驰骋,在想象中舒展。当然,如果能伴随着孩子一起在想象中享受幸福的亲子时光,那更是对孩子想象力的有力促进。

**2.教师可以这样做**

◎ 在游戏和日常生活中拓展孩子的想象力

幼儿时期,想象贯穿孩子的游戏、日常生活和艺术活动中,编故事、画意愿画、音乐欣赏、情境表演、手工制作、拼搭结构等活动都是培养孩子想象力的极好方法。

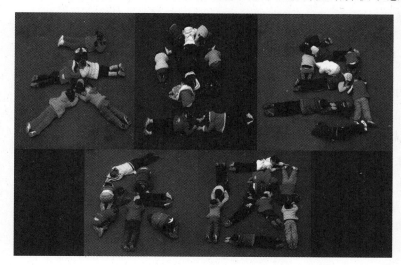

但在这些活动中,教师千万不要以自己的思维模式去禁锢孩子,比如斥责孩子:"这段音乐明明是表现的流水声,你怎么会说是树在说话!""今天我们是画一只大象和一只小象,你怎么画一只大象和一只老虎,他们怎么会在一块儿!""好啦好啦,别讲了,越编越离谱。"……你不经意的这些行为正在一点一点地扼杀孩子的想象力,可能一个艺术家或发明家就在你的手中夭折了。

◎ 组织专门的想象类谈话活动

如在晨间活动或餐前,需要安静等待的时间,开展有主题或有中心的想象谈话活动,如:开展"假如我是只兔子""如果我会变形"等之类的谈话,孩子之间互相启发,想象会越来越展开,越来越为孩子们喜欢,会促进孩子语言讲述能力的提高。

# 28 孩子做了错事不愿意承认怎么办？

## 宝贝那些事儿

今天吃番茄炒蛋，莹莹最不喜欢吃番茄，就趁老师不注意，偷偷把番茄扔到了地上，旁边的小朋友看见了告诉老师："老师，莹莹把番茄扔地上了。""我没有！"莹莹马上大声地否认。

聪聪和林林正在玩小汽车，突然，聪聪推了林林一下，林林跌在地上哭了起来。聪聪妈妈跑过去，抱起林林，批评聪聪："你怎么能推小朋友呢！""我没推！"聪聪不承认。聪聪妈很懊恼：这孩子，做错了事还不承认，这么嘴硬。

## 背后那些理儿

### 1. 孩子真认为这件事自己没做错

成人的认知和孩子的认知不是完全一样的，有的成人看到的并不是真相，比如，上面例子中的聪聪可能他就是认为自己只是不小心碰到了林林，并没有推他。

### 2. 孩子害怕承认错误后受到的惩罚

孩子做错了事，教师、家长肯定会批评、责骂，甚至体罚，这些，对孩子来说，都是极不愉快，甚至痛苦的经历，孩子本能地要躲避这样的后果，最直接的办法就是否认自己做错的事。

## 我们那些招儿

### 1. 家长可以这样做

◎ 了解孩子，针对性地解决问题

当您遇到孩子做错了事不愿承认这样的情况，千万别着急，保持平常的心态，深入了解孩子不愿意承认错误的原因，是害怕受到惩罚责骂还是真没意识到自己的错误。气愤、责怪、唠叨、抱怨都不能从根本上解决问题，反而会让孩子通过各种途径掩饰错误。因此，要心平气和地与孩子沟通，聆听孩子的讲话，了解事情的经过，了解孩子是如何思考的，进而判断孩子是不是做错了事情。如果是孩子错了，再和孩子好好谈谈，和孩子一起思考如何对事情进行补救。

跑过来说:"看,我是蝴蝶!"我们可以马上问一句:"美丽的蝴蝶,你这是要到哪里去呀?"……诸如此类,在孩子的生活和游戏中适时地渗入问题的引导,能激发幼儿活跃的思维,创造无尽的想象。

◎ 与孩子共同享受想象的过程

其实,孩子很享受想象的过程,当他把自己想象成无所不能的侠士,帮助有困难的小动物时,脸上露出的一定是兴奋的笑容。家长要为孩子提供充分的时间、空间和材料,让他在想象中驰骋,在想象中舒展。当然,如果能伴随着孩子一起在想象中享受幸福的亲子时光,那更是对孩子想象力的有力促进。

**2. 教师可以这样做**

◎ 在游戏和日常生活中拓展孩子的想象力

幼儿时期,想象贯穿孩子的游戏、日常生活和艺术活动中,编故事、画意愿画、音乐欣赏、情境表演、手工制作、拼搭结构等活动都是培养孩子想象力的极好方法。

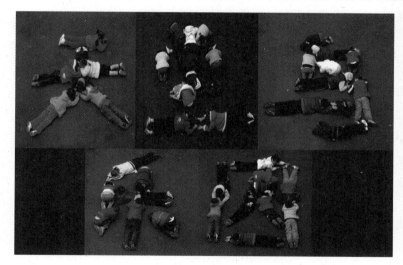

但在这些活动中,教师千万不要以自己的思维模式去禁锢孩子,比如斥责孩子:"这段音乐明明是表现的流水声,你怎么会说是树在说话!""今天我们是画一只大象和一只小象,你怎么画一只大象和一只老虎,他们怎么会在一块儿!""好啦好啦,别讲了,越编越离谱。"……你不经意的这些行为正在一点一点地扼杀孩子的想象力,可能一个艺术家或发明家就在你的手中夭折了。

◎ 组织专门的想象类谈话活动

如在晨间活动或餐前,需要安静等待的时间,开展有主题或有中心的想象谈话活动,如:开展"假如我是只兔子""如果我会变形"等之类的谈话,孩子之间互相启发,想象会越来越展开,越来越为孩子们喜欢,会促进孩子语言讲述能力的提高。

# 28 孩子做了错事不愿意承认怎么办？

### 宝贝那些事儿

今天吃番茄炒蛋，莹莹最不喜欢吃番茄，就趁老师不注意，偷偷把番茄扔到了地上，旁边的小朋友看见了告诉老师："老师，莹莹把番茄扔地上了。""我没有！"莹莹马上大声地否认。

聪聪和林林正在玩小汽车，突然，聪聪推了林林一下，林林跌在地上哭了起来。聪聪妈妈跑过去，抱起林林，批评聪聪："你怎么能推小朋友呢！""我没推！"聪聪不承认。聪聪妈很懊恼：这孩子，做错了事还不承认，这么嘴硬。

### 背后那些理儿

#### 1. 孩子真认为这件事自己没做错

成人的认知和孩子的认知不是完全一样的，有的成人看到的并不是真相，比如，上面例子中的聪聪可能他就是认为自己只是不小心碰到了林林，并没有推他。

#### 2. 孩子害怕承认错误后受到的惩罚

孩子做错了事，教师、家长肯定会批评、责骂，甚至体罚，这些，对孩子来说，都是极不愉快，甚至痛苦的经历，孩子本能地要躲避这样的后果，最直接的办法就是否认自己做错的事。

### 我们那些招儿

#### 1. 家长可以这样做

◎ 了解孩子，针对性地解决问题

当您遇到孩子做错了事不愿承认这样的情况，千万别着急，保持平常的心态，深入了解孩子不愿意承认错误的原因，是害怕受到惩罚责骂还是真没意识到自己的错误。气愤、责怪、唠叨、抱怨都不能从根本上解决问题，反而会让孩子通过各种途径掩饰错误。因此，要心平气和地与孩子沟通，聆听孩子的讲话，了解事情的经过，了解孩子是如何思考的，进而判断孩子是不是做错了事情。如果是孩子错了，再和孩子好好谈谈，和孩子一起思考如何对事情进行补救。

◎ 表扬肯定，知道做错了事要承认并改正

对孩子主动承认错误的行为要给予及时的肯定和表扬。对年幼的孩子来说，弄脏了玩具、把杯子里的水撒到了地上等，都会引起孩子的紧张，当孩子主动告诉家长时，家长可以这么说："下次小心点，现在我们一起去把它收拾一下吧！"这样既可以减轻孩子的内疚感，也可以提醒孩子下次可以怎么做更好。

### 2.教师可以这样做

◎ 私下交谈

在处理孩子不愿认错这样的事情时，一定要保护好孩子的自尊心。有些孩子不愿意承认错误，是害怕更多的人知道，担心大家看不起自己。遇到这种情况的时候，一定要小心处理，可以比较私密地与孩子交谈，或以动作、眼神等提示孩子改正。比如，有个孩子有用手抓饭的坏习惯，老师千万别每次看见都当众大声斥责："你又抓饭！你是野人呀？"你只要以不赞同的眼神看着他，或者过后悄悄地告诉他，抓饭很不卫生，很不文雅，孩子就会意识到自己行为的不当，进而慢慢改正，这样就能避免对孩子的自尊心造成伤害。

◎ 榜样影响

教师可以通过故事、歌曲等榜样的力量影响孩子，通过与孩子讨论故事或事件中角色的行为，引导孩子思考什么是正确的做法、什么是错误的做法，如故事《诚实的列宁》，让孩子知道做错了事没关系，只要能承认并改正就还是好孩子。

# 29 孩子很依赖家长怎么办？

### 宝贝那些事儿

琪琪已经四岁多了，可她上幼儿园还哭，拉着奶奶久久不愿撒手，进餐一般不自己动手，等着老师来喂，奶奶说："没办法，在家都是喂才吃，不喂就不吃。"因为不愿自己上厕所脱裤子，经常坐在椅子上就尿了。问琪琪儿童节准备穿什么，琪琪说："奶奶说穿妈妈才买的新裙子。"

### 背后那些理儿

◎ 家长包办代替太多

俗话说："家长手越长，孩子手越短"。家长为孩子做得越多，孩子就会做得越少，就会越依赖。我们常见孩子，出门就要家长抱，自己的小包从来都是家长背着，在家追着喂孩子吃饭，孩子如果想做点什么，家长就说："别摸，脏！""别动，危险！""你还不会，我来。"，孩子的依赖行为一般是家长养成的，有家长总觉得孩子小，什么事都做不好或做起来很困难，就大包大揽给代做了，其实孩子过分地依赖家长是有危害的。

◎ 孩子性格缺陷

以自己为中心，不会与人交往、害羞、孤僻等性格的孩子，因为不愿与人交往或在与人交往中遇到严重困难，就逐渐不喜欢与外人交往，只愿与能完全包容自己的家长在一起，久而久之，就完全依赖家长，一步也不愿离开家长。

### 我们那些招儿

#### 1. 家长可以这样做

◎ 孩子自己的事自己做

其实要改变孩子对家长过度依赖的行为，从根本上说，就是要让孩子自己的事自己做，孩子能做的事鼓励孩子主动去做。给孩子更多的机会自己的事情自己做，孩子在自己做事的过程中，语言能力、动作能力、思维能力等各个方面都会得到相应的发展，孩子的能力发展好了，对家长依赖的需要也就没那么强了。

◎ 孩子自己的事自己拿主意

培养孩子思想上的独立性也能逐渐摆脱孩子对家长的过度依赖。在安全有保证的情况下，充分尊重孩子的选择，耐心倾听孩子的声音，和孩子有关的事，都要倾听孩子的意见，与孩子商量作决定，尊重孩子的意见。比如，给孩子买衣服，就可以在价位、质量、适用性同等的情况下，尊重孩子的选择，不要以家长的审美决定。

◎ 多让孩子与外界接触

有的孩子过度依赖家长，是因为长期被局限在家这个小环境中，家长不让孩子与小朋友玩，怕自己的孩子受欺负；不让孩子与陌生人说话，外面坏人太多……把孩子死死地绑在自己的身边，当然孩子就只能依赖家长了。孩子最终会走向社会，家长在做好孩子自我保护教育的同时，要放手让孩子进入家以外更广阔的天地，接触家人以外更多的人。

### 2. 教师可以这样做

◎ 让孩子有与多种角色交往的机会

孩子来到幼儿园，接触了家以外的其他人：同伴、老师、保安人员、同伴的家长等，让孩子多与这些家以外的人交往，在交往中感知，这些人也很温和可亲，特别是和孩子接触最多的老师和小朋友，要让孩子感受到老师对自己的爱，感受到与同伴一起玩耍的乐趣，逐渐从对家长的依赖中脱离出来。

◎ 在集体中让孩子学会交往

对有交往困难的孩子，教师一定要及时发现，有针对性地发展其交往能力。如，对内向害羞的孩子，老师可带着他一起玩耍，亲自教给他与人交往的技能；对攻击性强的孩子，在交往中给他一些限制。让孩子逐渐能自如地与同伴和老师交往，体验到与家人以外的人交往的乐趣。

# 30 孩子不听话,怎么办?

## 宝贝那些事儿

饭菜都快凉了,贝贝还不肯离开电视机,妈妈苦口婆心地对孩子说"饭菜凉了,吃了肚子会痛""看电视时间太长了,眼睛就要坏了"等等,可贝贝一概置之不理,继续赖在电视机面前不动。看到贝贝这样,爸爸终于控制不住情绪,火了,"啪"一声关了电视机,拎着贝贝上了饭桌。贝贝拳打脚踢,哭闹不止,虽然被强行塞进去几口饭,但是,他一直抽泣着,饭含在嘴里也不肯下咽,一顿饭吃得一家人很心烦。

商场里,松松拉着妈妈的手,坚决要买那个遥控飞机,妈妈说:"昨天才买了一个遥控车,今天不能买了。""我们要节约,不能乱花钱。"道理讲了一箩筐,可松松就是不听,站在原地撒泼不走,妈妈觉得松松真是太不听话了,打了松松几巴掌把他拽走了。

## 背后那些理儿

家长总无奈地抱怨:"这孩子怎么这么不听话呢!"是啊,家长经常在耳边念,孩子自己玩自己的,把家长的话当耳边风,更有甚者,父母说东,孩子指西,父母说左,孩子偏要转右……用好话哄,用奖励利诱,听得了一会儿;用高声骂,棍棒罚也只管得了一时。孩子为什么就对家长的话这么无视或扭着干呢?

◎ 说话的时机不对

孩子正在专心地看书,家长偏要在旁边说:"今天在幼儿园学什么了? 我给你削个苹果吃吧。"这种时候,孩子一般不会听你说话,而且会很烦你。孩子在专心或兴趣盎然地进行某项活动时,你说与此活动无关的话,孩子都不愿听。

◎ 说话的方式不对

家长、老师们常用领导、权威的方式命令孩子,孩子通常会迫于压力听了,但并没有听进去。

◎ 说话的内容不适宜

当孩子情绪低落或沮丧的时候,你还在旁边教育:"给你说了多少遍,鞋要穿好,你不听,这下摔疼了吧。"这时,说这些,简直是给孩子雪上加霜,导致孩子听不进去。

◎ 教养方式有问题

在日常的教育中,没有教给孩子怎么有礼貌地与人交谈,遇到分歧如何协商解决,怎样遵守一日活动作息时间等。这也会导致孩子不听话。

## 我们那些招儿

**教师、家长可以这样做**

◎ 要倾听孩子

我们需要的并不是一个唯唯诺诺、完全听话的孩子,但应是个能倾听别人讲话,尊重别人意见,讲道理的孩子。要培养这样的孩子,我们首先要懂孩子,理解孩子,知道孩子做每一件事的理由和想法。孩子虽然小,但是他跟我们成人一样需要理解。因此,表达我们对他的理解是非常重要的。以上面看电视的实例为例,孩子不愿离开电视机,可能是他太喜欢这个电视节目了,或者是看到精彩关头,想把这一集看完。而那个哭闹着要买新玩具的孩子也许在他的游戏里正好缺一个这样的玩具。

◎ 协商限制

不是说我们理解了孩子"不听话"的缘由,就应当满足孩子的任何要求,这就要说到一个很重要的教养原则:限制。我们不能对孩子采取诱哄、体罚的教养方式,但适当的限制一定要有,而且这个限制是和孩子商量后拟订出的,如,每天什么时候可以看电视,看多长时间;什么时候可以买新玩具;一周可以吃几次雪糕等都可以列出具体的限制。孩子在允许的时段看电视就不要打扰,而时间到了就坚决关电视。

◎ 平等地与孩子交流

家长和教师不要高高在上,一副我很权威,我说你就要听的架势:"今天午餐,每个都必须吃两碗。"也不要低声下气,小心翼翼的状态:"宝贝,再吃块梨子好不好,妈妈喂。"你只需要以朋友的身份,平等地与孩子交谈,真心地倾听他的谈话,平等地与之互动,不威胁不利诱,多支持多鼓励,不啰嗦不监视,多信任多肯定,孩子才愿意对你说,也才会真正听你的话。

# 31 怎样培养孩子的独立性？

### 宝贝那些事儿

萌萌每天都穿得干干净净，漂漂亮亮，衣服搭配得协调好看，老师都夸她。萌萌说："都是妈妈给我穿的。"萌萌集中活动时从来不举手发言，但集体回答时声音特响。有一次，老师让萌萌到楼上班去借胶水，过了十几分钟，老师见萌萌还站在活动室外边，问："胶水借了吗？"萌萌小声地回答："我不敢一个人去。"

### 背后那些理儿

独立性是指根据自己的认识与信念，独立地决策，独立执行自己的决定。孩子的独立性是其自我意识发展的重要标志。

生活中有许多事是孩子们可以自己做的，只是由于身边有可以依赖的人，他们就不做了。放弃了可以自己做的事，也就永远得不到通过自己努力而得来的快乐。我们总认为孩子还小，什么事以后再学着做就是了，而且，往往家长很享受孩子依赖自己的感觉，什么事都帮孩子做，什么主意也帮孩子拿。然而，就像蒲公英的种子一样，一旦成熟，就会随风飘离，到另一片土壤去发芽、生根。孩子一长大，就会离开父母，开始自己的生活，经历各自的故事，必须自己去承受风雨的吹打，面对生活的忧伤与欢欣。纵然父母如何的舍不得，然而他们始终会离开的，不管是强壮，还是弱小的孩子。所以在孩子小的时候，家长要做一些必要的准备，知识的、品质的、习惯的、身体的……而从小培养孩子的独立意识，则是最重要的准备了。

### 我们那些招儿

#### 1. 家长可以这样做

◎ 让孩子自己去面对自己的生活

孩子不是家长的依附，他是独立的个体，他要对自己面对的事做选择、决定、计划和实践。孩子能做的事情孩子自己做，孩子可以参与选择和决定的事孩子自己选择、决定，鼓励孩子计划自己的生活和游戏，并支持其实践。孩子不想上舞蹈兴趣班，想去游泳，支持他；孩子告诉你，某小朋友不和她玩了，你可以给她出些交往的小点子，绝不能直接去找某小朋友说："你怎么不跟我们宝宝玩了呢？你们一起玩多好啊。"孩子遇到困难时,总希望父母能帮他,家长别急着帮忙做或告诉其答案,只要给出你的建议和鼓励孩子自己解决就可以了。

◎ 延迟满足

与培养独立意识相对立的,是没有原则的给予和满足。如果一个孩子经常得到这样的满足,他逐渐会把一切都看成理所当然的,独立性会很差,习惯于依赖大人。每一个做父母的都清楚,我们会衰老,我们不可能代替孩子生活,未来的生活,需要孩子自己勤奋、努力。在日常生活中,经常让孩子遭遇一些困难和挫折,让孩子通过自己的努力来得到他所想要的东西,让孩子获得自己争取的乐趣。比如,孩子想做一个漂亮的风筝,明天带到幼儿园,以得到小朋友和老师的夸赞,让爸爸来帮着做是最简捷有效的途径,可这时,家长一定不能为满足孩子的虚荣心而代劳,只能鼓励孩子通过自己的努力来得到别人的认可。

◎ 要有足够的耐心

我们在放手让孩子自己的事自己做时,一定要有足够的耐心。有的家长见孩子十几分钟都还不能系好鞋带,或系好了一会儿又松掉,很不耐烦,就干脆几秒钟帮孩子搞定了。还有的家长不能忍受孩子自己做事带来的脏乱,比如,孩子自己吃饭,开始时肯定会饭菜洒得到处都是,家长不能忍受就夺过勺子亲自喂了。要知道孩子学会做一件事了,他就永远会了,你帮孩子做了,孩子就永远不会。"授之以鱼不如授之以渔",人们常说"帮得了一时帮不了一世"就是这个道理,这会儿家长多花点时间和精力,会让孩子终身受益。

## 2. 教师可以这样做

◎ 让孩子树立主人翁意识,事事自己拿主意

在建立班级常规、设计班级活动以及班级环境创设中,都要充分尊重孩子的意见,让孩子拿主意,树立主人翁的意识。如班级故事会,就可以让孩子讨论:什么时候进行,宣传海报上写什么,邀请哪些人来听,讲得好的要不要发奖杯等,让孩子策划,教师帮助推进和组织落实,遇到有意见分歧时,各方陈述理由,协商解决。

◎ 给孩子独立解决问题的机会

在幼儿园集中活动居多,应加大小组活动、个别活动的比例,让孩子有独立面对问题、解决问题的机会。如活动区活动,就为孩子提供许多这样的机会:在故事表演中,孩子要独立表现故事中角色的言行;在医院游戏中,孩子要独立对"病人"进行诊断并开出药方。教师还可有意识地为独立性较弱的孩子,特别安排独立完成的任务,如案例中的到别班借东西,或为班级服务等。

# 32 孩子总是对自己没有信心，怎么办?

## 宝贝那些事儿

今天画画，好好迟迟不动笔，老师问："好好怎么不画呢?""我画不好。"好好畏缩地小声回答。"你拿起笔试一下呀。"老师鼓励，好好拿起彩笔，小心地在纸上画了一条线，又搁下笔，老师问："怎么不画了?""画不好，没画直。"好好回答，说罢，好好再也不动笔了。

## 背后那些理儿

自信心是一个人对自己力量和能力的认识与充分估计。自信心强的孩子做事积极主动、思想活跃、善于发表自己的意见和看法，喜欢和同伴相处，而缺乏自信的孩子往往做事拘谨畏缩，浅尝辄止，对于能通过自己努力达到的任务也感到高不可攀、不可企及。为什么有的孩子总对自己没有信心呢?

### 1. 家庭对孩子的过度保护

现在的家庭大部分都是独生子女，经济条件也比较宽裕，家长千方百计地满足孩子的各种要求，怕孩子累着、碰着、饿着，事事代而为之，剥夺了孩子自己独立做事的权利，使得孩子缺失了许多动手动脑的机会，自理能力和生活能力很差，连起码的家务和常识都不懂，孩子的能力严重萎缩，使得孩子在人群中看到自己的差距，因此产生自卑，对自己难以有自信。

### 2. 对孩子的打压过度

许多家长对孩子的期望过高，望子成龙，盼女成凤心切，巴不得自己的孩子小小年纪在各方面都超常，在众多的孩子中崭露头角。这种脱离实际的幻想，很难实现。于是，孩子常常会受到诸如"你真笨!""你怎么这么傻!""你看人家比你还小，画得比你还好。"等语言上的打压，甚至一些不堪入耳的训斥和恐吓都随时打击着孩子的自信，这种只盯着孩子的短处和缺点、过度的批评和指责而忽视孩子的长处和优点的做法，只能加剧孩子自信心的倒退!

## 我们那些招儿

### 1. 家长可以这样做

◎ 赏识孩子的点滴进步

比如看到孩子从幼儿园回家,会自己洗手了,就真诚地感叹:"你越来越能干了,小手洗得真干净。"在这样的肯定下,孩子会慢慢学会做越来越多的事,就会在以后每天的努力中巩固这种感觉,从而自信心大增。信任、尊重、承认孩子的点滴进步,经常对他说"你真棒",孩子就会看到自己的长处,肯定自己的进步,认为自己真的很棒。反之,经常受到成人的否定、轻视、怀疑,经常听到"你真笨、你不行、你不会"的评价,孩子也会否定自己,对自己的能力产生怀疑,从而产生自卑感。因此,要为孩子的长处而骄傲,不为孩子的短处而遗憾,要善于发现孩子身上的闪光点,不盲目地拿自己的孩子同别的孩子比较,而是多拿孩子的过去与现在比较,让孩子知道自己长大了,进步了,从而产生相应的自信心理。

◎ 创造机会培养孩子自信心

成功的喜悦体验能增进孩子的自信心,可以给孩子一些稍作努力就能完成的任务,比如画一幅春天主题的画,和孩子一起唱一首熟悉的歌,请孩子去楼下拿报纸等,孩子做后要很自然地予以肯定,树立其自信心。孩子独立性的增强也能促进其自信心的生长。所以,像穿脱衣服、整理玩具、系鞋带这些孩子自己的事就让孩子自己做,让孩子感受到自己很能干。

◎ 正确面对孩子的失败

孩子做错事或失败,那是很正常的,孩子只有在自己的失败中才能真正学到东西,当孩子试着做一件事而没有成功时,我们一定不要大惊小怪或觉得有什么不得了,应避免用语言和行动向他证明他的失败。我们应该把事和人分开,做一件事失败了并不意味这个孩子无能,只不过他探索学习过程中遇到的困难罢了,这时候孩子更需要家长的鼓励和帮助来克服困难,争取成功。

### 2. 教师可以这样做

◎ 坚持正面教育

教师一定要对每个孩子保有充分的信心和信任,相信孩子"能行""能做到""能改正",孩子才会觉得自己"能行",才会对自己有信心。就是对一个第50次尿床的孩子,你也要很温和地抱起他说:"来,老师给你把床单换了,下次想解便就告诉老师。"对于一个今天第4次攻击小朋友的孩子,你也得相信他一定能改。

◎ 评价过程不评价结果

我们要注重孩子在活动过程中做出的努力。很多时候，孩子虽然认真、努力，可结果是失败的或错误的，这个时候，不要否定孩子的努力，不要简单地评价"你做错了，折反了"，而要肯定孩子为此付出的努力，并鼓励、帮助孩子继续探索，如："今天你用了三种方法都没有比较出这两块胶泥哪块大，下次再换一种方法试试。"

◎ 树立适合每个孩子当前发展水平的目标

每个孩子都是独立的个体，有不同的发展速度、发展方式以及发展趋势等，我们要帮助孩子树立经过努力能达到的目标，不要统一，让有的孩子对某些目标永远望尘莫及，严重打击其自信心。如对一个坐不住的孩子，可与他一起订一个安静看10分钟书的计划；对一个吃饭困难的孩子，与她一起订一个"自己动手吃完一碗饭"的目标。这些个性化的发展目标，都是孩子经过努力能够达到，看得到成就的，在促进孩子发展的同时，也促进了孩子自信心形成。

# 大班篇

DABANPIAN

　　时间时间像飞鸟，嘀嗒嘀嗒向前跑。　热热闹闹两年过去了，宝贝儿该上大班了，突然间变得好懂事，可恍惚间又让我们觉得似乎不像是孩子了，"妈妈，我是从哪里来的呀？""爸爸，我们家为什么不买大房子？""老师，什么是死，人死了之后会到哪里去呢？"……虽然我们不是"百科全书"，但让我们一起尝试做个大班孩子的"百科全书"吧！

# 1 孩子最近看东西老是虚着眼睛,怎么办?

## 宝贝那些事儿

乐乐今年五岁多了,最近幼儿园老师发现乐乐在看图画书或者看黑板时总是虚着眼睛,有的时候还要用手或者袖子去擦眼睛,感觉要抹掉眼里的什么东西似的。经过老师的仔细观察,乐乐在游戏及其他活动中看东西时,也会出现这种现象……

## 背后那些理儿

### 1. 孩子对周围有类似习惯的人的行为模仿

幼儿园阶段的孩子好奇心强,喜欢模仿他们感兴趣的人的行为。当孩子在看到周围的某些人有虚眼看东西的习惯(不管是因为眼部不适、近视或者单纯的就是坏毛病),并且他也觉得这种行为很有趣的时候,就会试着模仿,久而久之养成了虚眼看东西的坏习惯。

### 2. 孩子可能眼部不适

小孩子有的时候喜欢用手抓一些不太卫生的东西,然后不洗手就随便地揉眼,这可能造成眼部的细菌感染。在眼部感染的情况下,孩子会感到眼部不适,然后就可能通过虚眼、揉搓等方式来缓解这种不适。

### 3. 孩子可能假性近视

现在的孩子接触电视、计算机等的机会和时间增多,在看电视或者使用计算机的过程中,孩子距离计算机或电视太近并且长时间不移动,都会造成眼部的疲劳,引起调节紧张或调节痉挛,看远处时不能放松调节,视力下降,从而就出现了假性近视。

## 我们那些招儿

### 1. 家长可以这样做

◎ 避免在孩子面前呈现自己的毛病

有的家长不是因为近视或者其他眼部疾病原因,而是单纯地有喜欢虚眼看东西的坏毛病。这就要注意尽量避免和控制自己的行为,不要在孩子面前做出这类行为，以免孩子因为模仿而养成虚眼看东西的坏习惯。

◎ 监督孩子不要长时间近距离地看电视或计算机等

家长要对孩子看计算机或电视的距离进行监督，随时提醒孩子在合适的范围内。并且要对孩子看电视或玩计算机的时间进行控制，尽量在空闲时间多带孩子去户外进行活动或游戏，减少他们看电视或上网的机会。

◎ 及时带孩子去医院检查

当孩子经常出现虚眼看东西的情况时，家长最好及时带孩子去医院进行检查，以确定孩子是否为假性近视。如果是，要遵循医生的指示帮孩子矫正，如果不是，则要从其他方面找原因并积极寻找解决办法。

**2. 教师可以这样做**

◎ 给孩子简单讲解有的人要虚眼看东西的原因

孩子很容易在不了解行为背后原因的情况下就进行模仿。在这种情况下，教师可以简单地给孩子讲解一下有的人要虚眼看东西的原因。如：因为近视，虚着眼才能看清楚；因为眼睛有疾病等等。要注意的是，教师一定要强调这不是一种他们愿意出现的行为，是不得已的，其实很难受。

◎ 引导孩子勤洗手，不要用脏手揉眼睛

教师要允许孩子在探索或者游戏的过程中去触碰一些不太卫生的东西，但一定要提醒并教育孩子不要用脏手去揉眼睛并且要用肥皂等勤洗手，以免造成眼部感染等疾病。

◎ 指导孩子养成正确用眼的习惯

教师可以通过讲故事或游戏的形式，教给孩子正确用眼的方法，避免孩子因为用眼不正确而造成假性近视。

# 2 孩子经常把小东西塞到鼻孔、耳朵里，怎么办？

## 宝贝那些事儿

牛牛在幼儿园是个活泼可爱的小男生，最近老师在午餐或是自由活动的时间观察发现，有时候牛牛会将一些小东西，例如花生米、玉米、小纸团或是一些游戏材料的小零件塞进自己的鼻孔或是耳朵眼儿里，虽然老师当时对这一行为进行了制止，也告诉了牛牛这样做会给自己的身体带来一些危害，但牛牛仍旧会出现这一行为。

## 背后那些理儿

### 1. 孩子强烈的好奇心和探究欲望

学前期的孩子对周围的一切都充满了好奇，对大班孩子而言，由于其主动性的进一步发展而使他们更加具有探索精神，在日常生活中产生的一些疑问，他们都想用自己亲自尝试的方法得到答案。他们将一些类似于花生米、玉米、小纸团等小东西塞入自己的鼻孔、耳朵眼儿，在成人看来，这是极其危险的举动，但在孩子的眼中，这也许是他们在尝试着探索"为什么我的鼻子会有两个洞洞？""如果塞几颗豆豆进去，它会不会在里面发芽？""我的鼻孔能够装下多少颗豆豆？"等问题。

### 2. 可能是孩子鼻孔、耳朵等地方不适、瘙痒等

有些孩子可能是由于鼻腔、耳道发炎等原因引起了鼻子或是耳朵的瘙痒，但他们担心将这些告诉家长或老师会被责备。因此，为了缓解自己的不适，孩子会抓、挠自己的鼻子、耳朵，或是将一些容易塞进鼻腔、耳道的小东西塞进去摩擦鼻腔或耳道以减轻不适的感觉。

## 我们那些招儿

### 1. 家长可以这样做

◎ 家长应该从小就教育孩子要学会自我保护

家长应该让孩子明白，鼻子、耳朵等是人体的重要器官，如果把一些小东西塞进去是很危险的行为，如果有异物进入鼻子、耳朵又不能及时发现并取出将会带来很严重的后果，对这种行为要采取积极的预防措施，避免自己的孩子出现这样的行为。

◎ 家长要密切关注孩子行为

家长应该密切关注孩子的行为，及时检查孩子的口袋、书包等，如果发现有容易被孩子塞进鼻孔、耳朵等的物品，应及时说服孩子将这些小东西交由家长保管。同时，在家中，家长也应将一些容易被孩子塞进鼻孔、耳朵的小东西放置在孩子拿不到的地方，及时将一些垃圾清理，也不要为孩子购置一些零部件较多、较小的玩具，以防孩子在游戏的过程中误将这些零件吞食或是塞入鼻孔、耳朵。

◎ 家长应该学习处理异物入鼻或入耳的方法

如果孩子不幸将一些小东西塞了自己的鼻孔或是耳朵，面对这样的情况，家长一定不能慌张，也不能严厉地责备孩子，这样反而会将紧张的情绪传染给孩子，让他们感到害怕，在哭泣的过程中可能会导致异物的更加深入。通常这种情况下，家长可以根据孩子的具体情况，根据塞进鼻孔或是耳朵的具体物品，采取适当的处理方法，如果实在不能自己解决的，则应该及时地将孩子送往医院，寻求医生的帮助。

**2. 教师可以这样做**

◎ 教师通过小故事让孩子认识到该行为的危害

教师可以根据自己在实际工作中的具体经验，将自己在带班过程中遇到的喜欢塞小东西进自己鼻子、耳朵的小朋友的经历改编成童话故事，在教学活动或是一日生活的其他环节，把这个故事讲给班上的孩子听，通过故事的方式让孩子明白这一行为的危害性。

◎ 教师可以继续引导孩子认识自己的身体器官

大班的孩子已经知道了自己有哪些器官，并且也知道它们的重要作用。教师可以利用大班孩子爱动手、爱探索的特点，结合自己班上孩子的实际行为表现，开展一系列的有关人体器官保护的探究活动。这些活动不是直接告诉孩子们这样做有什么不好，会带来哪些危险，而是让孩子们通过做的方式真切地体会到这种危险的存在。例如，老师可以开展豆豆进了鼻孔（耳朵）里的实验，让孩子模仿自己的行为将豆豆、花生米等物品塞进鼻子（耳朵）的模型里，引导孩子说出这样做可能带来的问题，并观察它在里面的变化，让孩子亲身体会到这种做法可能带来的危害。

◎ 教师应该教给孩子一些处理这种问题的方法

在日常的教学当中，教师也应当教给孩子一些简单的处理这类问题的方法，如遇到鼻子、耳朵不舒服的情况应当马上报告老师。如果有小东西塞进了鼻孔（耳朵）时一定不要用手指去挖。如果塞了小东西进鼻子可以采取擤鼻涕的方法将小东西喷出来等。

◎ 教师在幼儿园中，应当密切关注、观察孩子

一旦发现孩子有将小东西塞进鼻孔或是耳朵的行为应该立马制止，如果发现孩子无缘由地经常抓挠鼻孔、耳朵，则应主动检查或是询问孩子是否有将小东西塞进鼻孔或耳朵。

# **3** 孩子吃东西无节制,怎么办?

### 宝贝那些事儿

乐乐在幼儿园吃东西时,总也吃不够,不管是菜还是饭只要给他添他就吃,只要还有他就要。今天幼儿园吃炒饭,别的小朋友在陆续地送还餐具,而乐乐已经吃了两碗了,又再找老师添饭,保育老师说:"乐乐,咱们吃完这一碗就不再吃了,好不好?"乐乐端着碗说:"老师这不是还有吗? 我吃完还想吃。"在和乐乐妈妈交流时,妈妈告诉我们:"乐乐在家也这样,总也吃不够,毫无节制。吃饭吃得多还好一点,给他吃钙片,本来该吃一片,他能乘你不注意把一瓶钙片都吃完,没有办法,现在吃钙片都是多准备一个瓶,每次装一片进去,吃完了告诉他没有了,明天再买一片回来。"就吃东西这件事,妈妈也很苦恼,不知该怎么办?

### 背后那些理儿

#### 1. 依赖心理

有些孩子借助这样的行为来引起父母的关注,希望通过这样的行为来获得家长、老师的关心。

#### 2. 婴儿期咀嚼、吞咽、吮吸欲望未满足

不停地吃东西是婴儿期未满足欲望的延续。

#### 3. 饮食习惯不合理

家人过分溺爱孩子,总是担心孩子吃不饱,不管需不需要总是不停加饭,鼓励孩子多吃;吃东西没有间隔,什么时候想吃就什么时候吃;副食代替了主食,在家时将零食当饭,而且总是不停地吃。

#### 4. 本身胃容量大

常听到一些幼儿园的老师说,有些孩子一个人就吃三个孩子的饭,这些孩子其实就是胃容量大。

### 我们那些招儿

#### 1. 家长可以这样做

◎ 家长要关注孩子

有些宝宝潜意识里希望通过这样的行为引起父母的关注,这就需要父母与宝

宝有足够的交流，要舍得花时间，让他感受到家人对他的关爱。孩子最初的人生信心和力量，首先来自于父母。所以父母每天工作再忙，也要花时间跟孩子在一起。即使没有很多时间和他在一起，也要有效地利用跟孩子在一起的时间，让孩子充分感受到父母对他的爱。

◎ 转移注意力，延缓满足

这个是不说"不"的方法，很能迎合孩子的心理需求。孩子有时说："妈妈，我想吃巧克力。"可以一口答应，告诉孩子做完游戏再吃，要记得提醒妈妈。等孩子想起来的时候，妈妈故作恍然大悟状，说"宝宝，你怎么不提醒妈妈呢？"这时妈妈会慷慨许诺，"现在妈妈忙，等哪天早一点下班，跟宝宝一起去买来吃。"这个所谓的下一次很可能要一个月以后，但是孩子仍会很开心。

◎ 家长以身作则，为孩子树立"科学合理饮食"的榜样

在家中的饮食结构要做到荤素搭配，合理进食，再喜欢吃的也不多吃。在孩子不需要时不要鼓励孩子进食，少买或尽量不买零食，做家务、看电视时不要边吃边做等。

◎ 有的孩子天生胃容量大，适当调整饮食结构

可以让孩子在饭前喝一杯白开水，这样可以让他有饱腹感，减少进食量。上午增加点心时间和水果时间，可以准备一些饼干，但一次只能给一块，等他吃完了再给另一块，把水果切成块，一块一块地给。

**2. 教师可以这样做**

◎ 讲故事，引发孩子思考

在幼儿园多讲一些科学合理饮食的教育故事，引发孩子讨论：怎样才能科学合理饮食。在班级设立区域"我是这样科学饮食的"，记录自己每天都吃了什么，吃了多少，比一比谁的饮食更合理，更健康。同时也可以提供体重、身高测量，看一看谁的身高体重值在标准的范围之内，知道不合标准的身高体重也是不健康的表现，通过合理饮食可以帮助改变不健康的体质。

◎ 家园合力，追踪改变

针对爱暴饮暴食的孩子做追踪表格，将一天在幼儿园的进食状况做统计，在离园时与家长做好对接，同时要求家长将在家中的进食状况也记录在表格上，教师根据记录对孩子提出适合的要求，做到的要及时表扬，帮助孩子养成合理的饮食习惯。对这种有特殊需要的孩子老师要多关心，多照顾，多陪伴，多鼓励。

# 4 孩子总爱挑自己喜欢的衣服穿，也不管天气变化，怎么办?

## 宝贝那些事儿

豆豆是一个五岁的小女孩，已经开始注意到自己的外表了。星期六下午，妈妈给她买了一件粉红色的连衣裙。豆豆非常喜欢它，从买回来那天起，就一直都穿着，不愿脱下来。星期二那天下起了大暴雨，温度也随之下降了，可是豆豆仍然坚持要穿那件连衣裙，她说她穿这件衣服最好看。大人们都拗不过她，只好随着她，可是才半天时间，豆豆妈妈就接到通知说豆豆生病了，需要回家休息治疗。

## 背后那些理儿

### 1. 孩子开始关注自我形象

进入幼儿园之后的孩子，有了自己的人际交往圈子，对自己的着装外貌都有了一定要求。孩子对自己的着装的执著，代表着孩子开始关注自我形象。树立了良好的形象，有利于赢得小朋友们的更多关注。

### 2. 孩子的审美情趣和独立性发展

孩子开始对衣物有好恶，代表着孩子有了自己的审美观念。其自己坚持挑选衣物，不依赖家长，不完全服从家长的选择，也说明了孩子的独立性在发展，有了自己的主见，这并不是什么坏事。

### 3. 孩子不理解天气和温度的变化对身体的影响

孩子对天气和温度的变化不能完全理解，对天气和温度变化对身体影响的经验不足。

## 我们那些招儿

### 1. 家长可以这样做

◎ 找出原因

孩子为什么不愿意穿这件衣服，是不是穿着有哪儿不舒适或是影响到他的活动？例如：是不是衣服领子后面有商标，孩子穿着又痒又扎；衣服领子小，孩子不好穿脱；还有就是衣服太厚，孩子活动不方便，容易出汗。孩子喜欢的是穿着舒舒服服，能够得到小伙伴、老师称赞的衣服。因此，找到原因，再进行改善，孩子就会愿意接受这件衣服了。

◎ 和孩子一起了解天气预报的作用

每天准时和孩子一起看天气预报，并记录下来。例如，今天是晴天，气温30℃，而明天是大雨天气，气温是 20℃，家长就应该和孩子解释今天天气好，温度高，因此穿得少。但是明天要下雨，温度降低了，就应该多穿一点，否则身体会感到不舒服，就会生病的。

◎ 尊重孩子的审美，并培养孩子的良好审美情趣

在为孩子买衣服时，可以认真听一听他的意见，问问他喜欢什么样式的，哪种颜色。同时也应当注意给他一些参考意见，如"这件衣服图案大大的，而且颜色也好看""绿色好像草地一样，多美呀"等等。这样做有利于培养孩子良好的审美情趣。

◎ 提前一晚和孩子一起准备第二天穿的衣服

为了避免第二天早上孩子挑选衣服时间过长，可以在前一天晚上让孩子挑好喜欢的衣服。并可以根据第二天的天气，巧妙地为孩子增减衣物。如孩子一定要穿连衣裙，那么妈妈就可以和孩子商量在连衣裙下面加上打底裤。

**2. 教师可以这样做**

◎ 和孩子一起关注天气预报，并讨论天气温度的变化对人体的影响

和孩子讲解天气预报的作用，并制作一个天气预报栏。每天画上天气情况，了解天气预报的图标，并写下当天的温度。一起讨论今天的温度是什么样的，皮肤的感觉是什么样的，小朋友穿了多少件衣服。

◎ 讨论衣服的作用

和小朋友们讲讲衣服的起源，人类为什么要穿衣服。一起讨论春夏秋冬四季变换时，我们穿的衣物是怎么样变化的。最后，和小朋友得出结论：天气变化时，小朋友也应当根据天气变化适当增减衣服。

# 5 孩子发育有残缺，怎么办？

## 宝贝那些事儿

毛毛是一个小男孩，他没有左手，属于先天残疾，他的家长把他从别的幼儿园转到我们的大班有一个多月了。毛毛的家长带着孩子一起来幼儿园的时候，小朋友们都很好奇。在以后的相处中，毛毛不爱和其他小朋友交流和游戏，喜欢独自在角落里自己玩，但是有时也会很暴躁。有一个调皮的小男生嘲笑了他不正常，他们便在班级里打起架来。

## 背后那些理儿

### 1. 孩子对自身残缺的自卑心理

孩子逐渐长大，开始关注自身形象，发现了自己和别的小朋友不一样的地方，害怕别的小朋友嘲笑，从而形成了自卑心理。自卑心理形成，孩子可能表现为不与其他小朋友交流，情感脆弱，情绪不稳定，焦躁易怒。家长就要及时关注孩子的一些表现。

### 2. 孩子对他人身体残缺的好奇心理

当一个身体有残缺的孩子进入幼儿园，其他孩子对这个孩子的特殊情况感到好奇，在与这个孩子的交流中也难以掩饰这种好奇心理。好奇心理可能会给这个身体有残缺的孩子带来一些压力，但也不会构成太大伤害。若身体没有残缺的孩子有意或无意地将他人的劣势当做伤害别人的武器，这就需要家长和教师多关注。

### 3. 部分身体残缺孩子的不健康人格发展

在家庭生活中，可能由于家长的过度保护，身体有残缺的孩子的自理能力比较弱，基本的日常生活还需要依赖家长的照料。进入幼儿园之后，孩子的生活发生一些变化。若是孩子在吃饭、盥洗、上厕所等方面不具备一定的自理能力，就会在幼儿园集体活动中受挫。而当一些身体没有残缺的儿童有意或无意地伤害到孩子的自尊心的时候，孩子出现了自卑心理，从而导致不健全的人格发展，如不能正确看待自己，不愿与他人交流等。

## 我们那些招儿

### 1. 家长可以这样做

◎ 多尊重孩子，理智爱护孩子

多抱抱孩子，并经常说"你和别的小朋友一样"等类似的话语，让孩子知道自己的身体缺陷并不能影响他的成长，让孩子真正感受家人对他的爱，并获得安全感和归属感。向教师了解孩子一天的表现，有细小的进步都要给予表扬。回家后多与孩子谈谈幼儿园的生活，从正面引导孩子对幼儿园生活的美好回忆。如可以问孩子："今天交新朋友了没有""今天玩了什么有趣的游戏"等等。但是当孩子犯了错误，家长也不可以袒护，要将其作为一个正常儿童来教育。

◎ 引导孩子与他人交往

入园前家长要有意识扩大孩子的交往范围和活动空间，帮孩子找玩伴，让孩子和附近年龄相近的孩子多相处，引导孩子主动与他人交往，初步建立孩子与他人交往的信任感和安全感。

◎ 让孩子学习一些基本的生活本领，培养初步的自理能力和自信心

为了更好适应幼儿园的生活节奏和要求，家长要有意识地培养孩子独立生活的能力，让孩子学会简单的生活自理活动，例如自己吃饭、盥洗、穿脱衣服、上厕所等等。

### 2. 教师可以这样做

◎ "全纳教育"的思想提升

"全纳教育"主张将各种类型的儿童都纳入普通学校，共同接受普通教育，旨在促进儿童参与学习和活动的积极性，减少和避免被排斥的状况。教师要本着所有孩子都是值得被关心和被爱护的原则去关心和爱护这些儿童。

◎ 每个人的尊严都应该被保护的教育

教师要给新入园不能融入集体的身体残疾孩子更多的关注，例如多摸摸孩子的脑袋，拍拍他们的肩膀，拉拉他们的小手，亲亲他，抱抱他，使其感受到母亲般的亲切爱抚，增强其安全感，让孩子对教师产生亲切感和依恋感。

◎ 关注班级孩子们的表现，及时提供帮助和支持

在生活上多关心有身体残缺的孩子，尽量满足他们的需要，但也一定把他当作正常孩子对待，不给予特殊的宽待。当他有一点进步时，及时给予鼓励，还可在家长面前表扬孩子，给予他信心和对幼儿园美好的回忆，但是当他做错时也要指出。对于那些嘲笑身体残疾的孩子，教师应及时介入指导，并引导孩子们给予关心和帮助。

# 6 孩子行走、坐立的姿势不良，怎么办？

## 宝贝那些事儿

早上，瑶瑶来到幼儿园，跟老师问好时，只见瑶瑶爸爸拍瑶瑶背说："把背伸直，好好跟老师问好啊……"瑶瑶吐吐舌头，很尴尬地叫了声"老师早上好！"便飞快地跑进教室，去做别的事情去了，爸爸跟老师说："帮我跟她说说，多提醒她把背伸直……不知道她怎么回事，老是喜欢把背弓着。"

## 背后那些理儿

### 1.缺乏正确的生活习惯的引导

孩子不知道正确的行走、坐立姿势，觉得自己走路、坐立的姿势就是正确的，就应该是这样。

### 2.大人行为的消极影响

不少大人在家里不注意自身的行走、坐立姿势，孩子看了便不由自主地模仿。

### 3.孩子学步过早

一岁前学步的孩子，内、外八字脚的发生率比较高。

### 4.孩子初学走路时穿硬质的皮鞋

孩子的骨骼太软，脚腕力差，如果皮鞋又硬又重，会扭曲孩子的步态。

### 5.病理原因

多种原因造成孩子维生素 D 缺乏，维生素 D 缺乏后会使身体的钙、磷代谢紊乱，使钙的吸收发生障碍，造成佝偻病。患佝偻病的孩子走路时很容易形成"八字脚"。

## 我们那些招儿

### 1.家长可以这样做

◎ 不提早让孩子学走路

◎ 为孩子挑选鞋子时，选择舒适、合脚、软底的鞋子。

◎ 家长以身作则，在家里做好孩子生活的好榜样，不当着孩子面跷二郎腿、勾腰驼背等。

◎ 教孩子正确的坐姿、站姿并加以强化。

（1）正确的站姿

纠正孩子的不良站姿时，家长可以用墙壁作为参照。孩子靠墙站立时应该是脚跟、小腿肚和臀部均触及墙面，而背部离墙约5～8厘米。如果孩子每天能坚持练习15分钟，很快就可以看到训练的效果。

（2）正确的走姿

通常孩子的不良走姿有：内、外八字脚，晃臀，扭臀，驼背等，家长应该及时提醒孩子纠正。

第一，内、外八字脚。如果孩子走路出现"八字脚"时，家长要及时纠正，帮孩子摆正脚步的方向，然后教他踏着节拍迈步。家长可以用粉笔在地上画两条平行的直线，其间距为8～10厘米，然后教孩子沿着直线走，步伐由小到大，步速由慢到快；还可在地上拉一条布带，让孩子踩着布带跑，并要求孩子在跑动的时候挺胸、收腹。孩子在做这些练习的时候，家长要提醒他注意膝盖的方向应始终向前，脚步离开地面前的吃重点应在大脚趾与二脚趾之间，在膝盖往前弯曲时，双膝内侧应有一个轻轻擦碰的过程。

第二，晃臀、扭臀。晃臀是因为一条腿支撑身体，或重心移到一条腿的时候，腰部的不当放松而形成的。孩子这种步态主要是腰部过于松弛造成上体晃动。扭臀则是由于先转腰后起步而造成的。这两种情况，只要让孩子在走路的时候将腰部挺直就可以避免了。

第三，驼背。家长一味强制命令孩子挺胸往往收效不佳，应该告诉孩子一些具体的方法。比如每隔半小时，可以做双肩向后用力、胸向前顶、仰面抬头看天花板（同时转动眼球）的动作，坚持10～15秒，连续做几次。此外还可让孩子加强体育锻炼，增强肌肉力量。

### 2. 教师可以这样做

◎ 教给孩子正确的坐姿、站姿

通过开展体育游戏，教给孩子走、跑、跳等基本动作并加以强化练习。通过日常小游戏进行强化，并利用奖励小机制，表扬、鼓励站姿、坐姿良好的孩子。

# 7 孩子总爱打其他小朋友,怎么办?

### 宝贝那些事儿

丁丁是个很调皮好动的孩子,上课总是不能配合教师开展活动,最让人头疼的是每天都会有小朋友投诉他打人。晨间活动刚开始没多久就有小朋友哭着来说:"丁丁抢我的玩具,还打了我的头。"经过老师的批评教育后丁丁说好要改,可是没有一会工夫,就又会有其他小朋友来告状:"老师,丁丁又欺负格格,把她摔倒在地上了"。这时丁丁却说是看到格格的椅子没放好,怕她摔了过去扶椅子,根本就没有欺负格格。午睡刚开始,丁丁旁边的小朋友又被他打得尖叫起来,原来是丁丁在模仿动画片中的角色叫同伴不许睁眼。

### 背后那些理儿

#### 1. 孩子模仿意识和动作能力的发展

五岁以后,儿童的个性有了明显的表现。他们求知欲和好奇心盛,好动,喜欢自由,动作能力发展迅速且喜欢模仿,这可能会导致有些自控能力差的孩子在这个阶段表现出爱打人的行为。

#### 2. 媒体暴力的影响

当今社会独生子女因没有玩伴,所以和电视动画片、电子游戏接触时间较多,但是孩子区分信息的能力很弱,动画片给予他们的极大刺激使孩子产生信任甚至盲从和模仿。

#### 3. 教养方式不当的影响

很多父母因为工作很忙而将孩子交给老人带,在从小百依百顺的呵护下,独生子女会养成以自我为中心的自私的性格,而作为父母因为没有足够的教育经验和时间,在教育孩子的时候也会使用"不打不成才"的办法,不知不觉中强化了用打人的方法来解决问题的错误行为。

#### 4. 想引起他人的关注

在幼儿园的集体生活中,有些孩子不知道怎样和同伴相处,有时候为了得到喜欢的玩具或者为了引起老师的关注也会使用打人的方法来解决问题。

## 我们那些招儿

### 1. 家长可以这样做

◎ 多和孩子及其他家庭成员交流

家长平时应该多和孩子聊天，在了解孩子年龄和心理特点的基础上，满足孩子的心理需求，减少孩子看动画片和玩游戏的时间，多带孩子到户外和其他孩子玩游戏。帮助孩子正确解决与同伴在互动中产生的矛盾，利用故事或身边的实例教育孩子打人是错误的行为，从而促进其社会性发展。其次，家庭中的每个成员都是教育孩子的共同体，不能是一言堂或者多言堂，教育观的统一才能促使孩子形成良好的生活习惯。

◎ 多和教师配合

家长应该不定期和教师交流孩子的表现，特别是孩子出现打人现象的时候，一定要了解清楚原因，用鼓励和正面的语言引导解决问题，千万不能打孩子，用爱心和耐心积极配合教师来纠正孩子打人的行为。

### 2. 教师可以这样做

◎ 及时制止问原由

由于孩子年龄小，不知道可能出现的后果，所以教师对于打人的行为应该及时

制止，并在第一时间了解原由，正确化解矛盾。特别是对打人的孩子要做好思想工作，要向受到伤害的孩子道歉，将此作为一次很好的教育契机对其他孩子进行教育，以防以后发生类似事件。

◎ 家园配合共进步

教师在孩子打人后应该更多地关注他，多向家长了解孩子在家表现和家庭教育环境的情况，及时发现可能出现问题的原因（父母在家经常吵架、家长用打孩子的方式管教等）。并通过约访或家访的形式互通信息，向家长宣传正确的教养方式，大家一起多采用正面鼓励的方式来配合教育，这样才能帮助孩子改掉打人的坏习惯。

# 8 孩子对金钱没有概念，怎么办？

## 宝贝那些事儿

在幼儿园里，常常听到孩子说："老师，浩浩家里的房子又大又漂亮，我也要让妈妈给我买个有楼梯的大房子！""奶奶才给我 100 元零花钱，还没有上次给得多呢！""老师，我这辆玩具汽车才 200 元，很便宜哦！"……

## 背后那些理儿

### 1. 不理解金钱的价值

从孩子的身心发展规律来看，六岁左右的孩子，已经明白金钱的作用，但并没有理解到金钱的价值，因此，在使用上几乎不懂得合理有度。

### 2. 攀比

从社会环境的角度来看，社会经济的发展和家庭的宠爱，使得孩子从未体会到物质缺乏的困境和难处，因此容易出现攀比和炫耀。

### 3. 家庭影响

从家庭成员言行的影响来看，家庭成员在使用金钱上的一些习惯和细节会影响孩子对金钱的概念。例如：家庭成员讨论金钱时的言论、使用金钱时的态度和行为（过于计较或者比较铺张浪费）等等，这些都会对孩子进行潜移默化的影响。

## 我们那些招儿

### 1. 家长可以这样做

◎ 平时可带孩子到百货公司、超市等"实践"消费

事先和孩子一起商量、制订采购计划，让孩子完成一次有目的、有计划的采购任务，体验"消费"的全过程。

◎ 教会孩子合理使用、支配零用钱

（1）适度地给孩子零用钱。不同年龄的孩子对金钱、数字概念的认知不同，所以给孩子零花钱时，应先考虑孩子个体的成熟度及需要。

（2）阶段性地给孩子零花钱。通常零用钱的需求与年龄是成正比的，年龄愈小的孩子，给的金额愈少，间隔时间愈短。六岁的孩子，可以在每次去超市时给他小额零花钱，引导他自己做主购买自己需要的物品。

（3）指导孩子处理、使用零花钱。当孩子需要使用零花钱时，和孩子讨论，他有什么需要、预算是多少，并让孩子评估一下这种需要的轻重缓急。引导孩子给自己的需要分出层次，对自己的某些需要和欲望进行克制。然后由父母陪同孩子一起选择、购买商品。父母还可以指导孩子简要地记录零花钱的去向，协助他有计划地支配零花钱。

◎ 带孩子去银行

去银行存钱时，可以带着孩子去，让孩子体验存款的形式和意义，并懂得未雨绸缪的重要性。如果你有贷款，可以利用这个机会向孩子解释借贷与利息间的关系，以及收入和还款间的平衡。让孩子明白，贷款可以帮助人们在资金不足的时候，提前购买商品，但前提却是，要能够承受得起长期的还款和利息压力。

◎ 让孩子了解什么是家庭财政困难

如果家中遇到资金困难，可以对孩子开诚布公地讲，但是不要过多地描述细节。只要让孩子理解，金钱并不是随时都在的，想它什么时候出现就出现的。

**2.教师可以这样做**

◎ 引导孩子认识钱币

在大班的教学活动中，教师应该引导孩子认识钱币。比如，学习认识钱币的不同面值，学习钱币的不同单位之间的换算，利用游戏的形式体验钱币的作用，学习怎么看商品的价格和标签等等。

◎ 让孩子知道钱是用劳动换来的

利用讲故事、玩游戏的办法，让孩子知道钱是父母通过劳动挣来的，每个人要付出劳动才能挣到钱。同时，体验父母挣钱的辛苦，感恩父母的养育。

◎ 创设情境

在区角活动中，可以创设"超市""餐厅""银行"等游戏情境，让孩子扮演各种角色，熟悉交易的规则和方法。

◎ "想要"和"需要"的不同

引导孩子明白"想要"和"需要"之间的不同，明白在"需要"的时候使用金钱，而不能无限制地"想要"。

# 9 孩子老抢别人的玩具,怎么办?

## 宝贝那些事儿

游戏时间,孩子们照例将自己从家里带来的玩具从书包里拿出来玩,辰辰哭着跑过来告状,说洋洋把她带来的玩具汽车抢去玩了。老师说那他有没有经过你的同意拿你的玩具啊,辰辰委屈地说:"他都没有经过我的同意就拿了……"于是老师把洋洋叫到面前问:"洋洋,你为什么要抢辰辰的汽车呀?"洋洋说:"我只是想看一下,看一下就还给她……"

## 背后那些理儿

### 1.孩子对自己的玩具不感兴趣,觉得别人的东西好,自己的什么都不好

自己的玩具在家里已经玩够了,孩子对自己熟悉的玩具渐渐丧失了新鲜感,而对其他孩子的玩具却充满了好奇,想要去一探究竟。

### 2.孩子以自我为中心的心理特征

心理学家皮亚杰的研究指出,幼儿期孩子的思维是一种"自我思维",它有个显著的特征,即思维"以自我为中心"。孩子不会像成人一样对规则有明确的认识,只觉得自己喜欢、想要,这样的东西就应该是我的。意识产生了"争抢"的行为,便去"抢",没有意识到这样做会给别人带来怎样的后果。

### 3.家长的教育方式

现在的孩子绝大多数是独生子女,在家都是小皇帝、小公主。无论有什么好的东西大人总是先满足孩子的需要。久而久之,孩子理所当然地认为好东西都是自己的,不懂得与别人分享。孩子的行为方式取决于家长的教育方式。虽然说家长总会教育孩子要跟小朋友友好相处,但当自己的孩子与别的孩子产生矛盾与冲突时,家长潜意识里往往是溺爱自己孩子的,对他的无理行径不加阻止而是纵容。

## 我们那些招儿

### 1.家长可以这样做

◎ 把选择权交给孩子

家长可以让孩子在家里自主选择要带到幼儿园去玩的互动性强一些的玩具,并告诉孩子可以和其他孩子交换分享玩。

◎ 有意识地培养孩子谦让和遵守规则的意识，让孩子养成良好的习惯

当孩子与同龄人交往时，有意识地引导孩子学会礼让，教育孩子与他人一起分享玩具。对孩子表现出来的积极行为，要及时表扬；对消极行为，则要及时阻止，并且教育他正确处理的方式方法。有意识地通过讲故事的形式，引导孩子养成礼让、谦虚的观念，启发孩子养成尊重长辈、尊重他人，以长辈优先，以他人优先的处事方式。

◎ 日常生活中改变以孩子为中心的处事方式，平等地处理小孩与大人之间的关系

例如让孩子分发水果或点心时，可以有意识地引导孩子把好的东西先给长辈。长辈也应积极配合，客气地接受孩子分发来的东西。通过表扬的方式对孩子的做法给予肯定，使他从谦让中得到快乐。

**2. 教师可以这样做**

◎ 玩具必须充足

这样才能满足孩子的需求，教师要在材料提供的数量上避免孩子在游戏中的争抢行为。

◎ 教给孩子商量、分享的社交技能

可以通过讲故事的方式来进行潜移默化的引导，把解决实际问题的具体方法反复地讲在故事当中。同时，成人有意识地为孩子树立模仿的榜样。比如，当有的孩子听了对方的请求仍然不能把玩具给同伴玩时，教师则应以和孩子平等的身份，去帮助孩子进一步商量共同游戏的方法，如："咱俩一起玩吧""你先玩儿，过一会儿再给我们玩"等等，让孩子从简单地进行模仿，逐渐变为自己成功交往经验的一部分。

◎ 制订游戏规则，培养孩子的规则意识

由于规则游戏具有规定性，通常又是两人以上进行，因此游戏规则的执行必然带有监督性质，如若不然，游戏中就会产生冲突，甚至使游戏无法进行下去。所以孩子在整个游戏过程中都要注意学会控制自己的情绪，知道在游戏中是不能随心所欲的，要遵守游戏的规则，游戏才会进行下去。久而久之，孩子的自制力就会得到锻炼和提高。

# 10 孩子不能够认真倾听别人说话，怎么办？

## 宝贝那些事儿

在组织孩子进行集体活动时，小延总在下面玩小东西，和小朋友交头接耳；老师讲话时，话还没有说完，小延就经常会插进话来，打断老师的话，大叫"老师，老师，我知道……"然后把话题拉得很远。小延最喜欢玩建构玩具，在区域活动时，他和其他几个孩子选择了建构区，商量怎么来建一个动物园，商量了一半，小延就忍不住了："我不想听，我不想听了，我自己来。"小延不顾大家的反对，一个人搬起玩具就搭了起来。

## 背后那些理儿

### 1. 成人行为的影响

老师、亲人的言行不可避免地会对孩子产生影响。在现实生活中，有些成人在和别人交往或与孩子交谈时就不会倾听，孩子就会模仿。父母不善于倾听孩子的心声，孩子的话就得不到重视，就会把想法藏起来，或许还会感到父母不尊重自己，因而减少与父母的沟通。

### 2. 孩子生理、心理的特点

由于年龄小，孩子常常会听不完整或是听不清家长或老师的话。这多数源于孩子自制力弱，注意力易分散，在倾听过程中难免会有插嘴、到处看等情况。有些孩子则表现欲强，在活动中常常急于表达自己的愿望和想法而打断别人发言。

### 3. 不重视倾听习惯的培养

有些成人认为插话等行为是孩子能干、勇敢自信的表现，常常顺着孩子，以致孩子不知道怎么倾听。有些则在遇到孩子插嘴或不认真时责备孩子，这样也会使孩子失去倾听的兴趣和欲望。

## 我们那些招儿

### 1. 家长可以这样做

◎ 创设良好家庭环境，善于倾听孩子心声

在与孩子谈话时，家长应做到语言清晰生动，放慢说话速度，让孩子听清，便于孩子模仿。对待孩子，还应多了解孩子的心声，这不仅是了解孩子的有效途径，也是培养孩子倾听的重要方法。

◎ 多鼓励，少指责

"好孩子是夸出来的"。家长的称赞和表扬对孩子来说是充满自信心的动力。在与人交往中，家长切不可过多地指责孩子，只要孩子能认真听对方讲话，不打断别人，耐心地听完、听懂，家长就要适时表扬。从小培养孩子良好的倾听习惯，对孩子的生活和学习会有很大的帮助。

◎ 讲故事、做游戏

家长可让孩子多看一些绘本图书，听一些童话故事，在家长的陪伴下、在良好的语言环境中达到潜移默化的效果。家长还可以和孩子一起做一些有益倾听的亲子游戏。例如"听指令做动作"：家长发指令让孩子来做动作，等熟悉过后再让孩子发指令家长配合做动作；"打电话"：家长和孩子分别拿着话筒进行对话，一方问，另一方回答，内容可以是一方问另一方的姓名、性别、年龄等。在游戏过程中要求孩子不能随便打断对方的说话，并认真听对方讲话的内容。

### 2. 教师可以这样做

◎ 模范带头作用

教师是孩子心中的偶像，教师在活动中要特别注意言传身教。孩子在发言的时候，教师要带头倾听，不在他们发言的时候做其他事。在孩子发言的过程中，留给他们思考的时间，不打断他们的回答。还要善于与孩子沟通，当孩子有需要时，即使再忙也要抽空倾听孩子的心声。教师的一言一行都成为孩子效仿的榜样。

◎ 及时鼓励

教师要善于发现孩子倾听上的闪光点。当平时习惯不好的孩子上课认真听了，老师就应及时给予表扬："小延今天听得多认真啊！""如果小延能一直这么认真听老师讲，他以后会讲的故事肯定会越来越多"……

◎ 细化倾听要求

教师可以和孩子们一起制订一个细化并且可操作的要求。例如：听别人讲话时，眼睛一定要看着别人、脑子里不想其他事；听完别人的话，才能发表自己的意见，不随便插嘴；听不清时，举手告诉老师。

◎ 利用游戏进行倾听训练

孩子应该在游戏中成长，游戏的形式会使训练达到良好效果。如：游戏"复读机"：教师给孩子讲故事或者儿歌，听完后要求孩子们做"复读机"重复，看哪个"复读机"质量最高；"听指令做动作"：由教师或孩子发一个或多个指令，让孩子做出相应的动作，或让孩子根据指令做出相反的动作；"传话游戏"：活动时，将孩子排成一排，由教师或孩子想一句话，悄悄地说给领头的孩子听，然后一个个依次往下传，最后一位孩子大声地说出听到的话，由教师判断正误。

# 11 孩子总说班上小朋友欺负他，怎么办?

## 宝贝那些事儿

性格内向的喆喆这几天回到家，身上都有小伤。一开始，喆喆不愿意跟妈妈说发生了什么事。在妈妈的一再追问下，才告诉妈妈，这几天有个小朋友老是欺负他，抢他的玩具，如果不给，就打他。一天餐前，孩子们都挤在盥洗室洗手，喆喆排在恒恒前面，后面的小朋友一挤，恒恒身体立刻压到了喆喆，喆喆就立即说"老师，恒恒打我!"

## 背后那些理儿

### 1. 家长保护过度

我们观察到，经常受欺负的孩子往往较为孤僻、胆小、脆弱和缺乏自信。这样的性格往往是家长保护过度引起的。家长对孩子凡事包办容易滋生孩子的惰性，孩子会懒得争也懒得告状，相信一切都会有父母和老师解决，其生活自理能力也会较差，缺乏自信，自然遇事时不敢说也不敢做。

### 2. 生活环境较为单一

很多这样的孩子往往生活环境比较单一，除了幼儿园就是家庭，在家里总是处在家人的呵护之中，造成抗挫能力较弱，有时只是被小朋友碰了一下，他都会觉得自己受到了严重的侵犯。同时缺乏面对冲突的"实战"经验，遇到冲突完全不知道怎么保护自己。

### 3. 应对方法不当

面对孩子被欺负的情况，许多家长也会交给孩子一些处理的方法。有的家长害怕孩子和别人起冲突，就教孩子一味地忍让；有的家长害怕孩子吃亏，就教孩子要还手，但因没打赢就变成了受欺负的一方；有的家长希望孩子获得老师更多的关注，就教孩子遇到困难时大声地哭。这些方法都有失妥当。

# 我们那些招儿

## 1.家长可以这样做

◎ 尊重孩子,正确定义

首先在家里面需要跟孩子平等交流、尊重孩子。孩子有要求时,哪怕是合理的,家长都要想法多拐几个弯,让他觉得这些问题是有难度的,且要教他处理,这样孩子在遇到事情时会灵活得多。家长也不要轻易地把孩子之间的冲突定义为欺负,在幼儿园里,这种情况非常多见。孩子们之间的纠纷往往转瞬即逝,经常是前脚吵、后脚和。一定不要因为孩子受欺负,而限制孩子的交往。孩子之间的事,家长不到万不得已不能插手。

◎ 帮孩子调整与同伴交往的策略

面对交往有问题的孩子,家长应该从自己孩子身上找到症结,让他了解如何与同伴相处,比如礼貌、协商、主动关心等,促成同伴之间的友爱与尊重。决不能别人打了他,就强行要求他"打回去",更不要到幼儿园里找老师找对方家长大吵大闹。这样教出来的孩子或许从来不吃亏,可他们却很孤单,因为没有朋友。在家里,家长也可以和孩子做游戏,比如家长去扮演欺负孩子的小朋友,指导孩子正确应对。

◎ 要教育孩子勇敢面对,学会表达自己的不满

要让孩子意识到,一味地忍让不但不能解决问题,反而会助长欺负者的气焰,给自己带来更多的伤害。家长不一定要教孩子还手,但一定要告诉他,时刻要有保护自己的能力。如果自己受到侵害,一定要勇敢面对,要敢于用语言表示自己的态度,制止对方;立马就跑;寻求大孩子或大人的帮助;锻炼身体,增强体格。孩子们的一些欺负行为往往是为了取乐,如果看到被欺负的人如此坚强,一般会很无趣地离开。

◎ 保持冷静,教孩子学会宽容

发现孩子受到欺负会让家长非常生气,有时甚至变得不理智。如果你保持冷静和理智,事情往往会解决得更好。孩子被欺负后,正是家长教育孩子学会宽容的好时机。父母可以告诉孩子别怕,因为越怕就越被欺负,但不要教孩子以牙还牙,告诉他打人是错误的,如果你也打人,那你也错了。

### 2.教师可以这样做

◎ 首先搞清楚原因

某位孩子受欺负，千万不要武断地批评另一位孩子，也不要一味地保护被欺负者。这种情况可能的确是别的孩子太霸道，但也可能是被欺负者惹恼了别的孩子，也有可能是被欺负的孩子过于脆弱。认真观察孩子，找清事因才有利于和双方孩子的家长沟通，共同寻找正确的解决之道。

◎ 帮助孩子建立和谐的同伴关系

可以让孩子一起来讨论"怎样和同伴一起玩""别人想玩你的玩具时怎么办""抢人家的玩具对不对""人家不给玩具可以打人吗"等话题，让孩子说出自己的想法，从而明白与人相处的方法，体验交往的乐趣。另外，可以给孩子选择一些关于友好相处的绘本，促使孩子之间建立平等友好的关系，培养人际交往的积极情感。

◎ 传授正确的自卫方法

出手还击和忍气吞声都不应该是孩子面对欺负应该采取的方法。可以告诉孩子，在面对欺负的时候要大声地向老师求助，也可以请好朋友来帮忙，也可以正确地表达自己的想法，大声喊出："你这样做不对""你不可以这样"，等等。如果欺负仅仅是口头上的，也可以告诉孩子不要理会，有时在得不到回应的情况下，欺负人的孩子就会失去兴趣。

◎ 树立孩子的正面形象

老师不应充当消极保护的角色，如规定同伴"不能欺负他"等，这种指令只会起到提示作用，不能保证他不会再次受欺负，所以消极的保护对孩子是不利的，而应当采取积极的方法。比如善于从被欺负者身上发现他的能力和特长，在同龄伙伴前为他树立正面形象，这是一种帮助孩子建立同伴之间社会地位的有效方法。

# 12 孩子经常弄坏同伴的玩具,怎么办?

## 宝贝那些事儿

牛牛上大班了,在和朋友们玩的过程中,牛牛弄坏了冉冉的玩具,老师在得知事情的经过之后,请牛牛向冉冉道歉,牛牛照做了,冉冉也原谅了他。可是,没几天,又陆续有小朋友告诉老师,牛牛弄坏了他们的玩具。老师和牛牛谈过了,牛牛说自己是想和他们一起玩,不小心弄坏的。老师向别的孩子询问事情发生的过程和原因时,大部分孩子表示牛牛总爱和他们抢玩具,而且如果大家不愿意把玩具给他玩的时候,他就会做出破坏玩具的事。

老师和牛牛的家长沟通此事时,家长回忆说,有时候牛牛和朋友们的孩子一起玩也发生过类似的事件。每次牛牛弄坏别人的玩具时,牛牛的家长就会严厉地批评甚至训斥他,并让牛牛道歉。但是,牛牛还是经常弄坏同伴的玩具,家长也觉得很苦恼。

## 背后那些理儿

### 1. 娇惯成性

有的父母娇惯孩子,只要孩子一提要求,马上就满足,结果孩子就会养成总是提要求的习惯。也有的父母在孩子提出要求时,并未答应孩子的要求,但孩子却因得不到满足而拼命哭闹,此时父母只想尽快避免孩子哭闹的尴尬,处于无奈而满足孩子的要求,这也会无意中养成孩子想要什么就一定要得到的这种习惯。

### 2. 嫉妒心作祟

有些家庭因为各方面因素,不会为孩子提供太多玩具,或没有为孩子提供更多玩耍玩具的机会。当孩子看到同伴拥有他喜欢的或者令他产生好奇的玩具,会想要拥有它,有时候只是想要拿来玩一玩。因为他没有,他想要,但是同伴不给他,他的需要没有得到满足,于是产生了嫉妒的心理,此时可能就会做出不适宜的举动,如抢夺玩具,甚至破坏玩具。

### 3. 交往能力不足

一些孩子因为交往能力不足,会导致很多沟通障碍。当孩子不能准确地用语言表达自己的想法与愿望时,会用动作进行表达,而大班的孩子还不能很好地理解这个动作背后的意思，就可能产生误解。如果孩子只是想要看一看别人的玩具，却不会说："请问，能把你的玩具借给我看一下吗?"而是直接伸手去拿，另外的孩子就会误解为他想要抢夺自己的玩具，一旦开始了争抢，玩具就极有可能被弄坏。

### 4. 情绪控制不够

由于一些家庭结构的原因，现在的孩子都备受宠爱，因而脾气是越来越大，并且无法忍受挫折，做什么事情都很冲动，无法抗拒诱惑，必须得到即时满足。一旦自己的心愿、想法没有得到满足，就不能控制自己的情绪，而做出一些过激的举动。当孩子不能立刻得到他想要玩的玩具，就容易情绪失控，去破坏别人的物品。

## 我们那些招儿

### 1. 家长可以这样做

◎ 营造轻松的氛围

当孩子弄坏别人的玩具时，家长要控制好自己的情绪，不要把错误看成罪大恶极，用严厉的语言训斥孩子，急着逼迫孩子承认自己的错误，但之后并未落实到行动中。家长所营造出来的紧张氛围，容易让孩子养成口头承认错误但是行为上毫无更改的习惯。

◎ 进行移情体验

家长可以让孩子去体会他人的感受。对孩子的错误，一定要与孩子的切身体会相联系。引导孩子思考"如果你被人打了,你的心情怎么样?""如果你心爱的玩具被别人弄坏了,你难过吗?"如果孩子能体会被打的感觉不好受,就能明白"不能打人"的道理;玩具被弄坏了就不能玩了,就能牢记"爱护玩具"的重要性。

◎ 适当的"惩罚"

当孩子把别人的玩具弄坏时,可以让孩子把自己最心爱的玩具拿来还给别人,或者重新给小朋友买个新玩具作为赔偿,而孩子想要的东西就要延期满足或不予以满足,作为他这种行为的"惩罚"。

◎ 用合理的方式满足孩子想要玩玩具的需要

孩子天性好玩,对新奇的玩具会比较好奇,当孩子想要玩某些玩具的时候,家长可以根据家里的条件给孩子买一些他们想要的玩具。如果家长认为没有必要买太多玩具,可以培养孩子与人分享的意识,带孩子到朋友家,与朋友家的孩子相互分享各自的玩具;还可以带孩子到专门的游乐场所进行玩耍,以满足孩子想要玩玩具的需要。

**2.教师可以这样做**

◎ 帮助孩子学会交往

教师要有意识地引导孩子感受和同伴一起游戏、玩耍时的乐趣,通过一些故事、角色表演的方式,让孩子懂得只有平等、友好地与他人相处,才能得到别人的认可。在幼儿园,教师需要因势利导进行教育,使每个孩子都能融入幼儿园班集体的大家庭中,享受平等、合作与快乐。在日常生活中,教师要引导孩子学会使用礼貌的交往语言,学会用清楚的语言表达自己的意愿,以免造成误会。

◎ 帮助孩子学会调节和控制情绪

一个人自我控制能力的发展是逐步完善的,孩子自我控制的发展是由他控到自控,由不自觉到自觉,由对机体动作的控制逐步深化到对认知和情感的控制。自我控制能力是一个人的个性发展中比较稳定的个人品质,这种稳定的个人品质的形成不是自然而然的过程,与孩子早年所接受的教育和培养有着密切的关系。当孩子不能很好地调节与控制自己情绪的时候,老师要及时与孩子沟通,运用外部提醒、延迟满足等方式,帮助孩子学会调节与控制情绪。

◎ 引导孩子学会对自己的行为负责

到了大班了,孩子更加容易理解一些道理。当孩子弄坏别人玩具的时候,教师要引导孩子学会对自己的行为负责。教师可以和孩子一起修理被他弄坏的玩具。在修理玩具时,让孩子体验弄坏玩具很容易,修理就不那么简单了,并引导孩子联想到制作玩具的辛苦,体会玩具主人的焦急心理。从而,让孩子减少或避免弄坏别人玩具的行为。

# 13 孩子总是喜欢和成人一起玩，不喜欢和同伴一起玩，怎么办？

## 宝贝那些事儿

在幼儿园里自由玩耍的时间，可儿很少和同伴一起玩耍，有时候自己一个人玩，有时候和老师待在一起。老师在哪里，可儿就跟到哪里，老师请可儿自己去玩，可儿有时不太愿意，有时会独自去玩一会儿，又回到老师身边。

可儿的奶奶在和老师的交流中，也说可儿平时喜欢和她一起玩，或者喜欢跟在父母身边。有时候大人们聚会，即使有其他孩子在场，可儿也很少和他们一起玩，哪怕什么也不做，只是静静地看着大人，她也更愿意和大人待在一起。

## 背后那些理儿

### 1. 缺少兴趣爱好

孩子的爱好会决定他们的交友范围。如果不爱好游泳，就不会被邀去游泳；如果不爱好跳舞，就不会被邀去参加舞会。孩子不喜欢和同伴一起玩，也许是因为和同伴没有相同的兴趣爱好，友谊建立在共同兴趣的基础上。孩子有一些爱好，就会增加他们的自信，并为他们结识新朋友提供更多的机会。

### 2. 孩子缺乏与同伴交往的机会

作为独生子女，孩子从小在成人的环境中长大，缺乏与同伴游戏的机会。由于孩子缺乏交际技能和方法，导致在人际交往中受到挫折。其次，由于家长抚养教育不当，对孩子过分溺爱与迁就。当孩子不愿去幼儿园时，父母就依顺孩子的要求，使孩子得不到集体生活的锻炼；有的家长怕孩子与其他小朋友玩时吃亏，就整天把孩子关在家中，让他独自玩耍，形成孩子性格孤僻。

### 3. 家长过度的陪伴

现在的孩子多为独生子女，不像父辈一样在多子女家庭中成长，在家中通常也是一个人玩耍，没有同伴陪他玩。一些家长担心自己的孩子孤单，而充当孩子的朋友陪孩子玩耍,由于成人的思维不同于孩子,使孩子感受到更多的新鲜刺激,久而久之,孩子越来越喜欢和成人一起玩,不喜欢和同伴玩耍。

## 我们那些招儿

### 1.家长可以这样做

◎ 培养孩子广泛的兴趣爱好

如果你的孩子不喜欢和同伴一起玩,就多培养他的兴趣爱好,这样,他在活动中可以因有相同的兴趣爱好而和同伴建立友谊。孩子有了广泛的交际圈,他的生活也就相应的增加很多乐趣。在和同伴相处过程中,孩子的身心更容易得到良好的发展。

◎ 对孩子言传身教

家长要对孩子言传身教,以自己为例告诉孩子应该如何和同伴建立友谊,孩子会从家长和朋友的交往中学到很多东西。在许多家庭中,倾听别人意见、关心别人是作为家训世代相传的。没有比友谊更贵重的礼物。长期在充满爱心、耐心和温情的环境熏陶下,家长能让孩子接受并学会这些方法。

◎ 摆正角色,适度退位

在孩子的交际圈中家长应摆正角色,让孩子知道和同伴玩耍的乐趣是和成人玩耍时所感受不到的。家长应该适度退位,鼓励孩子多和同伴一起玩耍,为孩子及他的同伴提供交往的环境、游戏的场所和他们感兴趣的玩具。

### 2.教师可以这样做

◎ 及时与家长沟通

在幼儿园,教师应当给予充分注意,如发现孩子有此类情况出现,立即与家长进行沟通,了解产生这种现象的原因,家园配合采取相应措施,尽快解决问题。

◎ 鼓励孩子多和同伴玩耍

在幼儿园中教师不断强化孩子接受邀请的行为,当教师发现不喜欢跟同伴玩耍的孩子偶尔接受其他同伴的邀请,即使是很勉强的,也要及时给予鼓励。当孩子由接受邀请进一步转变为主动要求参与其他同伴的活动时,更要给予鼓励。其次,强化孩子邀请别人的行为,教师要鼓励孩子主动和同伴交往,邀请同伴到自己家里玩。教师一定要热情地鼓励孩子多参加集体活动,多和同伴接触。

◎ 带领孩子参与游戏

教师带领孩子以小朋友的角色参与游戏活动,待孩子参与游戏的兴致提高时,教师再慢慢淡出游戏活动。

# 14 孩子总喜欢和调皮的孩子交朋友，怎么办？

## 宝贝那些事儿

上了大班后，林林总喜欢和班上调皮的孩子一起玩，而且还参与到调皮孩子的"捣蛋行为"中。老师把林林和调皮的孩子调开坐也解决不了问题，玩游戏的时候，林林又和那些调皮的孩子玩到一起去了。

## 背后那些理儿

### 1. 大班孩子初步形成了比较稳定的心理特征

他们开始自己做决定，不再"随波逐流"，显得比较有"主见"，对人、对己、对事开始有了相对稳定的态度和行为方式。大班孩子已经过了什么事都听老师、家长的年龄阶段。对于自己的朋友，他们已经有了自己的选择，并不听从于老师和家长。一旦选定了，是不会轻易"背叛"自己朋友的。

### 2. 择友有自己的标准

大班孩子在选择朋友时，除了偏向于与自己同性别、同年龄的孩子，还有了自己独特的评判标准。而调皮的孩子由于性格开朗、活泼，广受其他孩子的欢迎，受欢迎的孩子便成为其他孩子羡慕、模仿的对象。

## 我们那些招儿

### 1. 家长可以这样做

◎ 尊重孩子的选择

孩子对朋友的选择是父母特别注意的一个方面，但关键不是杜绝孩子与调皮孩子的接触，而是要了解孩子的调皮朋友。如果孩子的朋友只是行为上调皮淘气，家长就不要粗暴地干涉孩子的交友；如果孩子的朋友有不好的生活习惯，就要教会自己的孩子分清什么行为是好的，什么行为是坏的。家长不该强行让孩子断绝和调皮的小朋友交往，而是应该引导孩子，让孩子自己分辨哪种友谊要建立，哪种友谊不值得。父母可以向孩子提出来自己的见解，但决不强求孩子停止和这位朋友来往。很快在接触中孩子会亲身感到这位朋友不良的生活习惯，也就不愿意和这位朋友来往了。

◎ 善待孩子的朋友

孩子们之间由于相同的爱好、相似的性格而成为朋友,没有考虑他的朋友是否调皮,是否不被大人喜欢,这是孩子的天性使然,是纯真的友谊。如果家长一旦阻止孩子们的正常交往,不仅会伤害自家孩子纯洁的心灵,也会对其所谓调皮的朋友造成心理上的伤害,无疑更是破坏了孩子之间纯洁的关系。

社会是多元的,人也是多种多样的。做家长的,首先应该培养孩子交友能力,包括学会和各种各样的人交流。当孩子和调皮的孩子交上朋友,家长没必要紧张更没必要"反对",也不要用成人的评判标准去约束孩子,而是要教给孩子交往的原则和方法,通过教育和引导,使他们学会和各种同伴交往。

◎ 兴趣一致就可以交往

家长应认识到是否调皮只是结交小伙伴的参考标准之一,并不是唯一的标准。兴趣是否相投、性格是否相合等都是很重要的。有些孩子兴趣广泛,喜欢运动也喜欢画画、跳舞,所以,无论是去游泳、去跳舞,还是去美术馆、博物馆看展览,孩子都能找到玩伴。那么只要孩子在交友的过程中开心、快乐,有所收获,作为家长就不应该干涉。

**2. 教师可以这样做**

◎ 指引孩子共同学习,共同进步

在幼儿园中个性接近的孩子容易成为好朋友,经常在一起玩,互相影响是必然的。如果老是把孩子从他的朋友圈中抽离出来,他会感到被孤立,如果性格变得孤僻,后果更糟。最好的做法是把他的小集体组织起来,让他们经常一同玩、一同学习,用正面、积极的态度帮助他们共同进步。调皮的孩子走上正途后,一般都会比乖孩子更有潜力。

◎ 看清每个孩子身上的优点

尺有所短,寸有所长。孔子言:三人行,必有我师焉。每一个人都有自己的特长和优势,都有值得别人学习的地方。孩子的朋友或许调皮一些,但有的很有礼貌、见人主动打招呼;有的自理能力强、比较勤快、爱干活、对班里的事很热心,也乐于帮助其他小朋友、讲义气、对人真诚等,这些都是难得的优点。身为老师,应该坚定地认为每个孩子身上都有闪光点,让孩子和各种类型的同龄人交朋友,广泛吸收各种不同类型的朋友的长处,让他们互相学习、取长补短,对孩子的成长是一件非常有意义的事情。

◎ 加强与孩子的沟通

作为老师,我们应该多与孩子沟通,聆听他们的心声和想法,给予孩子更多的理解与肯定,尊重孩子做出的在他看来正确的判断。若一味干涉孩子交友,不但不能阻止他的行为,反而更容易让孩子产生逆反和抵触心理,这对孩子后期的教育具有负面影响。

# 15 孩子嫉妒心强，怎么办？

## 宝贝那些事儿

莎莎上大班以后，经常表现出不开心的样子，也经常有孩子告诉老师，说莎莎破坏了他们的东西或者动手打了他们。老师通过观察以及和莎莎家长的交流后发现，有时候，莎莎听到老师或者她的家人表扬别的孩子，会非常不高兴，表现出强烈的"吃醋"的情绪；有时候，莎莎看到别人比自己优秀，也会非常不开心；如果她认为某个孩子超越了她自己，就会非常嫉妒，有时会破坏别人的作品，或者对其不友善，甚至动手打人。

## 背后那些理儿

### 1. 嫉妒是孩子心理发育过程中的正常现象

嫉妒是不良的心理状态，是由于个人与他人比较，发现别人在某一方面或某几方面比自己强而产生的一种羞愧、不满、怨恨、愤怒等组成的复杂情绪。每个人都会产生嫉妒，而且是从儿童时期就开始了。随着人的成长和成熟，很多人对嫉妒情绪有了认识，进行自我调控，因而表现出来的行为就不一样了。因此，孩子嫉妒心强是不成熟的表现，也是孩子心理发育过程中的正常现象。

### 2. 不能正确地评价自己与他人

孩子的自我意识不足，自我评价体系尚未完全建立，通常依据成人的评价为自己的评价标准。但由于心理不成熟的原因，有些孩子总认为说别人好就等于说自己不好，不能把想要超过别人的愿望和自己得不断付出努力联系起来，而是希望别人不如自己。当听到表扬别人的话语，就认为说话的人是喜欢别的孩子，而产生了错误的感觉。

### 3. 获得过度的表扬或成人要求过高

孩子都有喜欢受到表扬和鼓励的心理。表扬得当，可以巩固其优点，增强他的自信心，促进他不断进步。如果表扬不当或表扬过度，就会使孩子骄傲，进而看不起别人，认为只有自己好，别人都不如自己，甚至当有人说别人好，没说他好时，他就难以接受。同时,成人对孩子的要求不恰当,或经常拿孩子与别的孩子做比较,对孩子提出高于他能力的要求,导致孩子没有自信,并且不愿意看到别人比自己优秀,因此会用自己的行为影响或破坏别的孩子表现出来的优秀。

## 我们那些招儿

### 1. 家长可以这样做

◎ 建立良好的环境

嫉妒心理和行为的产生,虽有多种原因,但从根本上讲,是孩子自身的消极因素和外部环境的消极因素相互影响、相互作用而产生的。如果在家里,成人之间互相猜疑,互相看不起,或当着孩子面议论、贬低别人,会在无形中影响孩子的心理。因此,爸爸妈妈应当在家庭中为孩子建立一种团结友爱、互相尊重、谦逊宽容的环境气氛,这是预防和纠正孩子嫉妒心理的重要基础。

◎ 要正确评价孩子

这是因为孩子年龄小,自我意识刚刚开始萌芽,他还不会全面地看问题,不能正确地评价自己和别人。他对自己的评价是以成人对他的评价为标准的,所以爸爸妈妈要正确评价自己的孩子,不能因疼爱和喜欢,就对孩子的品德、能力的评价随意拔高,过分赞赏,以免孩子对自己产生不正确的印象。爸爸妈妈还要适当地指出他的长处和短处,使孩子明白人人都有长处和短处,小朋友之间要互相学习,帮助孩子正确评价自己。

◎ 帮助孩子提高自身的能力

爸爸妈妈如果发现孩子在某些方面不如别人的孩子,不要当面指责孩子不如别人,而应具体帮助他提高这方面的能力。如果有条件,爸爸妈妈可以请一位能力强的孩子,来帮助自己的孩子做好一件事情,这样不但可以提高孩子的能力,而且孩子之间真诚友好的帮助,也是克服嫉妒心理的良方。

### 2. 教师可以这样做

◎ 对孩子进行谦逊美德的教育

通常,嫉妒较多地产生在有一定能力的孩子身上,孩子往往因为自己有能力,但没有受到注意和表扬,因而对那些受到注意和表扬的小朋友产生嫉妒。所以在纠正嫉妒心理的同时,教师需要对孩子进行谦逊美德的教育,让孩子懂得"谦虚使人进步,骄傲使人落后"的道理。让孩子明白即使别人没有称赞自己,自己的优点仍然存在,如果继续保持自己的长处,又虚心学习别人的长处,自己的才干就会更

强，就会真正长久地得到大多数人的喜爱。

◎ 引导孩子树立正确的竞争意识

有嫉妒心理的孩子一般都有争强好胜的性格。教师要引导和教育孩子用自己的努力和实际能力去同别人相比，不能用不正当、破坏性的手段去获取竞争的胜利，要把孩子的好胜心引向积极的方向。

◎ 适当适度的表扬

对嫉妒心强的孩子进行表扬更要注意分寸，不可过多。可以把引导他自己发现别人的优点作为重点表扬的内容，这样不仅不会伤害孩子的自尊心，还会促使孩子为了得到表扬而继续学会发现别人的优点，逐步扭转嫉妒心理。

# 16 孩子在集体中不敢展现自己,很害羞,怎么办?

## 宝贝那些事儿

希希是个从不主动举手回答问题的孩子,这天老师带着大家玩丢手绢的游戏,手绢落在了希希身后,希希没有抓到那个把手绢放在她身后的小朋友,这下轮到希希为大家表演一个节目,希希在小朋友们的注视下一个劲儿地咬自己的手指甲,老师和小朋友鼓励她,帮她出主意,可她反而越发脸红了……

## 背后那些理儿

### 1. 性格差异

孩子怕生、害羞是社会性发展到一定程度的体现,是感知力、辨别力、记忆力、情绪和人际关系得到发展的体现。每个人的性格都不一样,同样地,每个孩子也非常不一样。他们对幼儿园生活的适应情况非常不同,这也是很正常的。有的孩子很活跃,有的孩子很安静,有的孩子则一直都很害羞,有的孩子过分敏感,过分专注自己,但是这都没有问题。

害羞是使人偏于极端地关心别人对其看法的一种心理状态,表现为逃避人与情境,以免受到任何潜在批评。同时亦会保持一些行为反应,如不敢抬头挺胸地面对他人,以避免引起注意;不愿参与任何集体活动,过于担忧别人对他的印象。他们可能要比别人花更长的时间来适应教室里的日常作息,适应新的学校、老师或教室,但是他们最终会适应的。

### 2. 环境因素的影响

现在的孩子大多是独生子女,三口之家又是独门独户,孩子长期生长在家人的呵护宠爱下,父母心疼孩子小,生怕孩子做不好,所以事事代劳,处处包办。有的家长很少带孩子出去玩耍,与人接触少,缺少锻炼。家长经常拿自己孩子与别人的孩子作比较,打击孩子的积极性,使得孩子缺少社会交往,做事畏首畏尾,胆小怕事,压抑孩子自主性的发展,使他们怀疑自己的能力,形成胆怯心理。

### 3. 批评过多

如果孩子一做错事,家长任意指责,会伤害孩子的自信心和自尊心,久而久之,孩子就会害羞。

**我们那些招儿**

### 1. 家长可以这样做

◎ 跟教师交流

家长和教师之间的沟通，对于帮助害羞的孩子适应幼儿园生活，非常重要。可以对比你的孩子在幼儿园和在家的表现。你的孩子在家爱做的哪些活动，在教室里时他不喜欢做？家长可以从教师那里收集信息，想方法让孩子对教室产生兴趣，感觉舒服。如果可能的话，你可以约教师一起谈谈怎么做。

◎ 把孩子的兴趣带去幼儿园，给孩子展示自己的机会

例如，如果你的孩子对蝉很着迷，但是幼儿园里没有蝉，不妨让他把他养的蝉带到教室里去。但要确保教师不会强迫你的孩子到前面去给大家正式地讲解。可以请教师专门创造机会，让你的孩子可以谈论蝉或是回答问题。教师可以用你的孩子的材料作为视觉上的辅助，让孩子们讨论蝉，或是创造一个"蝉宝宝的家"。

◎ 尽可能多参加幼儿园活动

家长出现在教室里，会帮助你害羞的孩子在学校里感觉更舒适。你不一定有时间经常或长时间地参与幼儿园活动，但是即便是偶尔出现，也会让你有观察的机会。大多数孩子都会觉得家长来幼儿园，是一项殊荣。在幼儿园的家长开放日里，你一定要设法出席，看看情况到底是怎样的。如果你的孩子所在的幼儿园提供机会让家长来给孩子讲故事、带孩子们做活动，你应该尽量参加。

◎ 玩"勇敢者"游戏

对害羞的孩子来说,可以尝试玩沙子、抓虫子、拍皮球等"脏脏"的游戏,在台阶上跳上跳下、相互追逐、抢皮球等"危险"的游戏都需要一点勇气。孩子在户外活动中难免磕磕碰碰,家长不要大惊小怪,这些"勇敢者"的游戏可是帮孩子练胆量的好办法。此外,家里来客人时,也可鼓励孩子为客人送茶水、搬椅子,积极回答客人的问题,孩子上街时,鼓励孩子自己去购买东西,经常带孩子去串门。

**2. 教师可以这样做**

◎ 让孩子多体验成功感

幼儿期的孩子爱提问、爱模仿、爱做游戏。在行为上,喜欢争着做事,对于这类孩子教师可把活动简化一下。孩子不认得所有的图卡,教师可以让他只看其中的几个。如果孩子还不能灵活使用剪刀或胶水,教师可同时提供涂鸦或画画的选择。尽量让孩子体验成功感,逐渐增强孩子的自信。

◎ 在幼儿园尽可能地为孩子提供与人交往的机会

多鼓励孩子与其他孩子一起玩,孩子通过与其他孩子的交往,会找到自己的榜样,然后模仿他们的行为。

◎ 多鼓励孩子,增强自信心

尊重孩子的意见,提高孩子的自信心。善于并及时发现孩子身上的闪光点,多表扬孩子的长处,这样孩子的害羞心理会有所改善。尽量以鼓励为主,不要在言语上无意中伤害孩子的自尊心。不要给他贴上害羞的标签,多鼓励孩子参加集体活动,情况自然而然就会好起来。

# 17 孩子特别爱攀比，怎么办？

## 宝贝那些事儿

兰兰今年上大班，特别爱和班内的小朋友攀比。看到别的小朋友买了新的衣服或者玩具就会吵着让家长给她买，如果家长拒绝，她就会大哭大闹，直到家长满足她的要求为止。在幼儿园，老师也发现，兰兰有的时候会故意弄脏比她穿得漂亮的小朋友的新衣服或者把别人的新颖好玩的玩具娃娃藏起来……

## 背后那些理儿

### 1. 孩子的好胜心及渴望被关注和表扬的心理

随着年龄的增长，孩子的自我意识逐渐加强，他们的自尊心和自信心逐步建立，开始有了好胜心。与此同时，孩子的自我评价和判断能力也在形成当中，但还不够成熟客观，他们对自我的评价更多是来自他人（家长、老师、同伴）的反馈，对自我的肯定同样也多来自他人的表扬。所以，当别的小朋友因为某些方面比自己突出而受到关注和表扬时，他们就会认为：这样是好的，如果我也这样做，就会和他一样得到表扬。所以为了获得关注和赞赏，就会想要去模仿他的行为或者拥有和他一样的东西。

### 2. 家长不恰当的教养方式

有些家长虚荣心强，自身就存在很严重的攀比行为，他们在教育孩子时也经常采用与别人孩子进行比较的方式，这容易促进孩子攀比心理的形成。另外，有些家长十分溺爱孩子，当孩子提出物质要求时，总是一味地满足他们。孩子的欲望在获得满足的过程中不断得到强化，攀比的欲望也就越来越膨胀。

### 3. 幼儿园老师一些不恰当的夸奖言辞的影响

在幼儿园中，有时候老师会无意识地夸奖某个小朋友"今天你穿得真漂亮""你带来的玩具最好玩！"等等类似的夸奖所带来的比较，都会促使孩子将关注的重点转向衣着、玩具等物品的外部特征，从而加速孩子攀比心理的形成。

## 我们那些招儿

### 1. 家长可以这样做

◎ 家长可以在孩子出现攀比行为时巧妙地转移话题

对幼儿园阶段的孩子单纯地讲道理有的时候是行不通的。家长可以在孩子出现攀比行为时,巧妙地转移话题。如:你们班谁唱歌好听? 谁跑得最快? 你和他们比怎么样? 转移的话题最好是孩子的强项。这样孩子的情绪就会好些,也会改变攀比的兴奋点。

◎ 家长要警惕自己的行为

父母无意间情绪的流露会成为孩子攀比行为的榜样。所以,要防止孩子的攀比心理,家长要十分注意自己的言行,不能在孩子面前把自己的攀比情绪流露出来,而是要用自己积极的精神去影响孩子。

◎ 家长不能过分溺爱孩子,不要对孩子的要求百依百顺

父母不能过分溺爱孩子,给孩子一切他想要的东西,因为如果孩子的攀比行为经常性地得到满足,他的攀比心理就会不断地增强。家长要用正确的方式拒绝孩子的类似要求。如:当孩子想要一个和别的小朋友一样的玩具时,家长不要立即满足孩子的要求,而是可以鼓励孩子把自己的零花钱存起来买玩具等。

### 2. 教师可以这样做

◎ 教师应有意识地转移孩子攀比的兴奋点

对孩子的夸奖应集中体现在游戏中谁最遵守规则、平时谁最爱劳动、谁最爱帮助别人等良好行为特征上,使孩子在努力获得教师表扬的过程中养成良好的个性品质。在转移攀比兴奋点的过程中,形成良好的攀比风气,以集体的氛围力量来带动个体的健康成长。

◎ 教师要尽量关注每个儿童

教师要关注每个孩子的进步,让每一个孩子都感受到来自教师的关心,若注意力总是只集中于几个孩子,就可能引起其他小朋友的心理不平衡。

◎ 教师要注意自己夸奖儿童的方式

教师的夸奖和鼓励要兼顾儿童成长的各个方面,让他们知道好孩子的表现是分好多种的,以此来分散孩子攀比的注意力。尽量不要将夸奖与孩子的外在穿着等相联系,使其获得攀比的最初动因。

# 18 孩子很自私，怎么办?

## 宝贝那些事儿

自主游戏时，多多跑来向老师告状："王老师，梅梅非要来玩我的玩具。"身后的梅梅一脸胆怯地望向老师。老师了解完情况后，调解道："多多，你带来的玩具很漂亮，梅梅很喜欢，你们一起玩好不好?"多多一口拒绝道："我不要她玩我的玩具。"说完就抱着玩具走开了。

建构游戏开始时，老师看到多多飞快地从篮子里拿了一大堆积木放在自己面前。明明在搭一个大桥，发现少了一个桥墩，看看篮子里已经没有积木了，再看看旁边的多多还有很多，伸手想去挑一块，多多一把抱住自己面前的积木，大叫道："这是我的，不准拿。"明明说："老师说积木用一块拿一块，你不能这么自私。"多多才不管："这是我先拿到的，你再抢我的积木我就告老师了。"明明只好作罢。

## 背后那些理儿

### 1. 孩子天生利己倾向

瑞士心理学家皮亚杰的研究指出，幼儿期孩子的思维是一种"自我思维"，它有个显著的特征，即思维"以自我为中心"。此时，孩子只会从自身的利益出发，看待问题，思考问题，还不会观察和考虑别人的需要，所以容易产生自私心理及自私行为。

### 2. 成人错误教育的影响

由于孩子年龄小，具有较强的可塑性、模仿性，家长和教师对于孩子又往往具有较大的权威性，孩子会不加选择地、盲目地模仿他们的一言一行。这时，如果家长和教师这个榜样本身是个"私"字当头者，处处贪小便宜，那么，当孩子以后遇到类似的情况，就会自然而然地进行效仿。因此，家长和教师等成人的自私言行，更是孩子自私行为产生的直接催化剂。

### 3. 过分宠溺的家庭环境的影响

现在的孩子大多是独生子女，生活条件优越，特别是祖辈和父母众星捧月的态度，助长了孩子的独占欲，强化了他们以自我为中心的意识。父母总怕孩子受一点苦、受一点委屈，对孩子过分的需求总是有求必应，容忍、迁就孩子的错误，这样使孩子很自大,不关心他人利益。于是,孩子从无意识的"自私"行为就慢慢变成了有意识的自私。主要表现为金钱和财物上吝啬;贪婪,别人的东西拿得越多越好,自己的东西就不愿与人分享;只在乎自己想要做的事情,而无视他人的感受。

## 我们那些招儿

### 1.家长可以这样做

◎ 正确看待,耐心引导

很多爸爸妈妈把孩子的自我当成自私的表现,对此很紧张,尤其是当孩子不愿意分享时,就强行将孩子的物品分给他人,这样会造成孩子对物品没有安全感。尤其重要的是,这会影响孩子在成长过程中界限的设立,成人后在潜意识深处不能真正区分我该拥有的和不该拥有的东西。

当孩子不愿意把心爱的玩具分给他人时,不要强行抢走分给其他小朋友。家长可以慢慢引导孩子学会与他人分享,在分享食物时,不妨先从宝宝身边熟悉的亲人渐次开始练习,然后是平时熟悉的小伙伴,最后才是身边陌生的人。

◎ 言传身教,将"分享"潜移默化

家长可以经常让小朋友到家里玩,让孩子把愿意分享的东西和小朋友分享,告诉孩子把你的东西给别人玩,别人才会把东西给你玩。也可以带孩子多出去玩,多接触人群,看看小动物,让孩子变得有爱心。

家长自己的言传身教非常重要。家长是孩子最基本和最深刻的榜样。家长在平时的言行中,表现出对他人不幸的同情,给予困难者以帮助,对社会持以一种热心、关心的态度,这些都会感染孩子,使他也慢慢学会去关心他人。一定记住:自私的父母只能造就自私的孩子,别指望他替别人(包括父母家人)着想。

◎ 拒绝溺爱,让孩子做力所能及的事

不要让孩子养成衣来伸手、饭来张口的坏习惯,这样就会使孩子心中只有自己,只想得到别人的照顾,根本想不到关心别人。孩子是家庭中的一个成员,孩子在享受每一个家庭成员都应享受的关爱与照顾、平等与尊重的同时,也应像其他成员一样尽自己应尽的责任和义务。

家长要树立正确的观念,并付诸行动。比如,让孩子从小就做些力所能及的家务,在劳动中让孩子体谅父母的辛苦,并逐渐学会遇到问题能换位思考。还比如说,要给孩子从小立规矩,在规矩中学会做人。如:不要让孩子吃独食,有了好吃的东西,一定是大家分享;待人要热情礼貌,当好小主人。当孩子自私的问题第一次出现时,家长要及时给予纠正。

**2.教师可以这样做**

◎ 培养和鼓励孩子的合作、分享行为

教师应多鼓励孩子与同伴交往，并开展一些培养合作能力的活动，例如在建构游戏中让孩子合作搭建社区，在角色游戏中让孩子合作完成任务。如果发现孩子在这方面有好的表现，应该及时表扬和奖励。每一个人都喜欢得到别人的认可，孩子也一样。如果孩子得到了同伴和老师的认可，他就会感到他能在别人心里占有一定位置。那等他懂事后，就懂得约束自己的行为，在意他人的感受。

◎ 帮助孩子认识自私的危害

许多孩子之所以自私，是因为不知道自私的害处。作为教师应该帮助孩子认识到自私的危害性。自私的孩子无论是在幼儿园，还是在小伙伴中间，都会不受欢迎。如果孩子屡次犯同样的错误，教师可以采取"冷处理"的态度，对孩子的行为表现出不接受的态度，以此强化他对"对"和"错"的认识。另外教师还可以通过故事或角色游戏的方式来告诉孩子自私的害处，例如，教师可以给孩子讲《金色的房子》，并请孩子来表演，表演时夸大自私的恶劣后果，突出分享的好处，引起孩子足够的重视。角色游戏使孩子能经历、体会别人的情感，知道自私给别人的害处，知道分享、合作的快乐，从而促使他改变这样的行为。

◎ 增强家园联系，争取家园配合

当老师发现孩子的自私行为时，可以及时与家长进行交流沟通，以了解孩子自私行为的原因，并对症下药、这样更能事半功倍。同时，教师应争取家长的配合，家庭教育与学校教育双管齐下，更能及早地帮助孩子改掉自私的坏习惯。

# 19 孩子爱争强好胜，怎么办?

### 宝贝那些事儿

玩完滑滑梯后，老师组织小朋友排队回教室，多多冲过来一把推开站在第一的月月，月月摔倒在地，"哇"地哭了起来。事后老师问多多为什么推人，多多低着头说："因为……因为我想站第一。"

游戏时，老师发现青青闷闷不乐，老师走过去问道："青青，怎么不高兴啊?"青青支吾了半天，终于说出了原因，原来上课的时候，老师提了问题，青青举了手，老师却请了别的小朋友回答。青青说："那个问题我是知道答案的……"

### 背后那些理儿

#### 1.对成人的模仿

成人是孩子的主要模仿对象，特别是父母。父母在日常生活中不经意间在言行举止上透露的争强好胜，孩子自然就吸收了。

#### 2.不正确的比较和过高的期望

有的父母总爱拿自己的孩子与别人家的孩子做比较，"我们要向好的孩子学习""我们要做一个好孩子"等言语的暗示与比较，反复的提醒，这些会导致孩子的争强好胜。孩子会因此认为：好的孩子是受到父母欢迎的，这样的孩子才会得到父母的关注。而有的父母过高的期望给孩子带来不小的压力，孩子为了取悦家人，而去面对自己能力所不及的要求，也担心自己做不到会让父母失望，而不愿意面对这样的失败，所以孩子会表现出比较好胜。

#### 3.过分溺爱，导致孩子挫折承受力差

成人平时对孩子进行过多的奖励和保护，也会使孩子认为自己完美无缺，日后将无法面对任何的瑕疵。过度保护使孩子没有面对挫折的机会，一旦不如意，则有调适的困难，孩子就会以"争强好胜"的行为来弥补心理的缺失。

### 我们那些招儿

#### 1.家长可以这样做

◎ 合理的家庭教育

过分的关注和溺爱会大大加剧孩子的"自我中心"，不能忍受别人比自己强。

合理的家庭教育应该是"关怀"而不是"溺爱"，要让孩子从小就认识到自己是家庭中的一员，而不是家庭中的"小霸王"，事事都要占上风。

不要无原则地夸奖孩子，宽容孩子。过度的赞赏教育，会使孩子无法认识到自己的错误与不足，从而形成认识上的偏差：我是最好的、最优秀的，别人不能比我强。

◎ 以身作则，为孩子树立榜样

要防止孩子过分争强好胜心理，家长应十分注意自己的言行。不要当着孩子的面表现出争强好胜，以平常心对待生活中的胜利和挫折，用自己积极进取、努力学习的精神来影响孩子，为孩子树立良好的行为榜样。

◎ 告诉孩子无论输赢，父母都爱他

把"第一"和"最好"看得淡一些，与其关注是否第一，不如关注孩子是否努力、是否取得进步。只要孩子尽力了，不管结果如何都应由衷地表扬他。当发现孩子某方面能力较弱，要积极创造条件，帮助孩子提高能力，而不是单纯地指责。总之，让孩子知道，无论输赢，父母都爱他。

**2. 教师可以这样做**

◎ 转变评价方式，肯定孩子的努力

教师在对孩子进行评价时，不能简单地评价"谁最乖""谁是第一名""老师最喜欢谁"。这样，孩子可能会为了得到教师口中的"第一""最棒"而非要争个输赢。教师可以多作具体的评价，肯定孩子的努力与进步。比如，"宝贝有进步，比以前做事细心多了。""你虽然没有琳琳画得好，但是你的颜色涂得更漂亮。"

◎ 帮助孩子认识争强好胜的危害

孩子可能并不明白自己的争强好胜有什么危害，如果孩子知道了争强好胜可能会伤害小伙伴，可能会让好朋友远离自己，那么他们可能会改掉这个习惯。教师可以帮助孩子认识争强好胜的危害，比如，多多为了要站第一而推倒了月月，多多不仅要受到老师的批评，月月也会因为多多推人而不喜欢他，不再和他一起玩了。这样，多多就失去了小朋友们的喜爱。

◎ 增强家园联系，了解行为原因

当老师发现孩子爱争强好胜后，可以及时与家长进行交流沟通，了解孩子争强好胜的原因，并对症下药，这样更能事半功倍。同时，老师应争取家长的配合，家庭教育与幼儿园教育双管齐下，更能及早地帮助孩子改掉争强好胜的习惯。

# 20 孩子爱推卸责任，怎么办？

## 宝贝那些事儿

吃完午饭后，小朋友坐在教室外面看图书，老师看到天天在拍篮球，老师走过去问天天："天天，小朋友都在看书，你怎么在玩篮球了？"天天马上指着身后的小翔说："不是我，是他非要叫我玩的。"身后的小翔一脸无奈。老师也分不清到底是怎么回事了。

画画时，老师听到有小朋友讲话，走过去提醒："天天，专心画画，不要讲话。"天天立刻指着旁边的小朋友说："他还不是讲了话的。"

区角活动结束后，图书角里到处都是乱扔的书，老师对刚才在图书角活动的天天说："天天，赶快把书捡起来。"天天回答道："老师，这不是我扔的，我也不知道是谁扔的。"说完就走开了。

## 背后那些理儿

### 1.孩子的应变能力和语言能力的发展

随着年龄的增长，孩子的独立欲望明显增强，有了自己的思想，应变能力、语言能力也更强了。因此，当孩子犯了错误以后，孩子能较快地应变成人的问责，努力地替自己辩护，甚至说谎和推卸责任。

### 2.逃避批评与惩罚

孩子怕承认错误以后遭到成人的批评与惩罚，因此，狡辩是一种下意识的自我保护行为，是为了掩饰自己的错误。例如，孩子无意中打碎了花瓶，诚实地告诉了妈妈，妈妈责备了他。那么下次打碎了东西，孩子为了逃避妈妈的责备，他会假装不知道或不承认这件事，或者将责任推给别人。

### 3.环境与成人的影响

5～6岁的孩子有较强的模仿能力，他们的是非观念也多来自于成人的是非观。天天和小朋友在玩耍时发生了冲突，情急之下抓伤了小朋友。放学的时候，老师将这件事情告诉了天天的奶奶，天天心虚极了，但奶奶却没有教育天天，而是对老师说："哎呀，上一次我们天天也被某某小朋友抓伤过的，还被小朋友抢了玩具……"老师不知说什么了，奶奶便领着天天走了。后来，天天犯了错误后，总爱说：

"是他先打我的""是他先抢我玩具的""他也在讲话"……推卸责任成了一种习惯。

## 我们那些招儿

### 1.家长可以这样做

◎ 保持教育一致性

家长对孩子的教育应前后、内外一致。教育必须保持一贯性。切忌在自己心情好的时候，见孩子做了错事也不进行教育，心情不好时则进行责备、训斥。教育又必须保持一致性。如果对一种行为表现，母亲说对，父亲说错；今天说错，明天又说对，这会使孩子无所适从，只有看父母的脸色行事。

◎ 以身作则，赏罚分明

父母应以身作则，适时给予鼓励。"言传不如身教"，父母是孩子接触最多的人，他们的一言一行常是孩子学习、模仿的依据，因此父母须以身作则，为孩子做一个榜样。可以告诉孩子，即使他这一次犯错，只要他能有勇气承认，父母相信他下一次不会再犯同样的错误；也可以将自己小时候类似的经验与他分享，让孩子知道这不是最糟糕的情况。此外，当孩子愿意承认错误时，要给予适时的鼓励，让他能继续朝着正确的方向发展。

### 2.教师可以这样做

◎ 改变教育方式，避免简单粗暴

事实上很多时候孩子狡辩是"被逼的"。他们为了掩饰自己的过错，避免教师的批评与惩罚才不得已而为之。所以当教师发现孩子特别能"狡辩"时，请冷静一点，先不要责备孩子不诚实，而是耐心听听孩子说了什么，反思自己的管教方式是不是过于严格了，是不是平时孩子很怕自己，如果孩子说出实情，是不是意味着马上就是批评甚至处罚。如果孩子确认承认错误后不会受到过于严厉的批评，他们狡辩或推卸责任的几率会大大降低。

◎ 通过孩子喜欢的方式进行教育

根据孩子的年龄特点，教师可以采用儿歌、故事等孩子喜欢的方式，让孩子知道做错事不承认、狡辩的坏处。比如，给孩子讲华盛顿小时候帮爸爸干活不小心砍掉樱桃树，他主动承认，得到爸爸表扬的故事；列宁小时候打碎姑妈家的花瓶，为避免挨骂谎称不是自己，最后受不了良心的谴责主动向妈妈坦白，并写信给姑妈请求原谅的故事。这样，让孩子知道做错事并不可怕，勇于承认与改正，一样还是好孩子。

# 21 孩子总爱发脾气，怎么办？

## 宝贝那些事儿

睿睿喜欢和小朋友玩飞行棋，只要他赢了，就会开心地继续玩下去。如果小朋友赢了他，他就会挥动拳头且跳得很高，大声吵闹刚才的结果不算数，要重新比赛，表现得很霸道。这样的矛盾在幼儿园上演了无数次。他最爱说的口头禅就是："我生气了！""再也不和他玩了！""我再也不喜欢你了！"爸爸妈妈说，他在商场的玩具柜如果看到喜欢的玩具，便不会松手，若家长仍不愿意买，他就撒泼、哭闹、摔东西，甚至满地打滚。

## 背后那些理儿

### 1. 家长的行为模式的影响

脾气与遗传因素有一定关系，但关键还是后天的教育和影响。父母是孩子的第一任老师，父母脾气暴躁，常发生家庭战争或对孩子的教育方法简单粗暴，这种行为模式往往会被缺乏辨别能力的孩子加以模仿，翻版父母的处事方式，在潜移默化中埋下任性的种子。

### 2. 对孩子过于迁就

另外，现在多数孩子都是独生子女，在家里受到溺爱，家长对孩子的溺爱、放任、娇惯、迁就，对孩子有求必应，久而久之，孩子就会用发脾气的方式来试探，希望家长妥协。

### 3. 萌生了独立意识

有些家长无视孩子的意愿、想法，只要求孩子绝对服从，并想出各种方式让孩子就范，当孩子有了独立意识，他们就不愿事事受父母管束，对父母的包办或摆布产生反感，当大人不满足其要求时，就会把内心的不满毫无保留地发泄出来。

### 4. 想引起大人的注意

孩子的反常行为，尤其是任性、发脾气，往往是他们想要引起他人关注，一方面想要满足某方面的需要，另一方面也在考验家长对他的爱。

## 我们那些招儿

### 1. 家长可以这样做

◎ 给孩子做个榜样

家长在为人处事方面要礼貌待人，家人之间互相尊重，和睦相处，平等地对待孩子，尊重孩子个性的成长，遇到事情可以和孩子商量，给孩子创造一个良好和谐的家庭环境。

◎ 让孩子与更多的人交往

家长要多为孩子创造条件，让孩子多和同龄人交往。在和小朋友交往的过程中，孩子没道理要求别人事事顺着自己，对别人任性要脾气的结果可能就是"没朋友"。孩子慢慢会因此意识到任性的坏处，并在和同龄人交往中改变任性的坏毛病。

◎ 对孩子进行冷处理

孩子无理取闹的时候，家长应冷静而坚决，明确告诉孩子这样闹是不对的，此时家长可以假装离开，允许他发泄，等孩子明白自己的所作所为已经让大人生气了，就会渐渐冷静下来。

◎ 利用电视、故事中的好孩子形象引导孩子

利用电视故事中的情节，给孩子讲一些通俗易懂的道理，在孩子心中树立好孩子榜样，使孩子心情舒畅、情绪稳定，避免因任性而随便发火。

### 2. 教师可以这样做

◎ 多表扬和鼓励

当孩子不发脾气的时候，老师要及时表扬，例如："今天睿睿能够和小朋友好好下棋，真是有进步！小朋友都愿意和你一起玩了。"

◎ 尽量避免诱发孩子发脾气的场合和情绪

如果任务或玩具太复杂，孩子会因完不成、不会玩而急躁，教师可把任务定简单点，让孩子能够完成，必要时给予帮助。当孩子变得急躁时，可给他一点儿提示，或几句鼓励的话，缓解孩子的紧张情绪，但不能包办代替。要在他玩得极度兴奋前结束活动，以免孩子控制不住情绪。

◎ 不要急躁

一旦孩子发生逆反心理，教师不能急躁，不能以任性对任性。应该对孩子的任性不予理睬，当孩子以哭闹为威胁时，可以让他哭闹一会儿，等他停下来以后再教育诱导，不能操之过急。多和家长沟通，不断总结孩子近期的表现，找出孩子的闪光点，予以引导、鼓励，探索新方法。

# 22 孩子总问关于死亡的问题,怎么办?

## 宝贝那些事儿

君君的外公前几天去世了。平时沉默寡言的君君在外公去世后突然变得话多了起来,常常来问我:"老师,外公怎么死了?""死是什么?""老师,你会不会死?"……君君妈妈告诉我,孩子在家也经常会提起死亡的话题:"外公死了怎么还没有回来?""别人都有外公怎么我没有?""我什么时候会死?"……孩子对死亡的好奇是非常正常的事情,但大人总是怕答得不好,给孩子留下心理阴影。

## 背后那些理儿

### 1. 孩子的心理特征

一般来说,孩子是不会无缘由地问死亡问题,特别是有关自己的死亡。要回答孩子关于死亡的问题,就要先弄清是否孩子的生活中有人或宠物死去,孩子发现曾经熟悉的人离开了,自然开始对死亡有想法。五六岁的孩子对死亡已经有了一定认识,常常认为死亡是暂时且可以逆转的,不是永远消失。他们认为,死了的身体还能看、能动、能想,也能听,会非常想知道详细情况,甚至担心那位刚刚离开人世不久的亲人会不会寂寞、会不会冷、会不会饿。

### 2. 环境的影响

另一些让孩子感觉到死亡的情况,很多时候是因为孩子看的书籍、电视中有关于死亡的内容。这种情况下孩子对死亡的看法不够全面,大概知道有死亡这回事,但没有切身的体会。

## 我们那些招儿

### 1. 家长可以这样做

◎ 把事实告诉给孩子

对孩子,家长容易用"睡着了""去天堂了""去旅行了"来描述死亡,但对这些词汇孩子可能会产生误解,例如"去旅行了",孩子可能会寄希望于所想念的人从遥遥无期的旅行中归来。"睡着了",孩子可能因此不敢入睡或是担心其他人睡着而

185

醒不过来。"去天堂了"，孩子可能会很向往死亡的地方。可以真实地向他解释死亡的事，让他知道死亡是永远。如果是亲近的人去世，则要多给他一些关爱，向他确认仍会有人照顾他。家长也不必一直隐藏自己的悲伤，会让孩子误认为表达忧伤的感情是不好的，他会惧怕将它表达出来。假如他将忧伤藏在心里，这种情绪可能会带到成年以后，性格就会变得脆弱且敏感。也不能过于忧伤，要表示亲近的人虽然已经离开，但我们的生活还要继续。

◎ 注意自己的言行

有些家长在累的时候随口说出"干脆死了算了"这样的话，年龄小的孩子听了，极有可能产生内疚，认为是自己做错了事，才让亲人觉得痛苦或死去。建议家长要尽量克制，不要在孩子面前表露对死亡的悲观，更不要随便说死。

◎ 帮孩子认清虚拟与现实世界的不同

现在的孩子常玩电子游戏，游戏里的人有好几条命或是死后可以重来。父母要帮孩子认清现实世界有些事情是无法重新开始的。

◎ 纪念逝去的人

死亡并不意味着断了与死者的联系，父母可用一些温馨自然的方式来处理自己和孩子共同的悲伤。比如一起从遗物中选一种作纪念、为逝者做一本纪念册……这样就将生者与死者联结了起来，以此取代避而不谈或者是举家悲哀。

**2.教师可以这样做**

◎ 展开生命化教育

老师可让孩子观察自然界的生命，如看植物的一岁一枯荣，让孩子认识到新陈代谢、生老病死都是自然规律。每个年龄段，身体和心理都会发生变化，而如果遇到疾病、意外，人就有可能死去，到年老时，每个人都会自然死亡。老师讲解时要表现得平静、自然，不可悲痛欲绝，甚至歇斯底里，以免使孩子觉得死是可怕的。

◎ 功能性阅读的方式

我们可用这种方式帮孩子去理解生与死，例如绘本《獾的礼物》《爷爷没有穿西装》《苹果树上的外婆》《爷爷变成了幽灵》《妈妈走了》等，让孩子理解死亡是自然现象。和小朋友一起阅读时的气氛，也会消除孩子对死亡的恐惧，让孩子觉得死亡并不是那么可怕的事情。

# 23 孩子总问自己从哪里来，怎么办？

## 宝贝那些事儿

大二班最近开展了"认识自我"的主题活动，孩子们对自身产生了极大的兴趣，包括自己的家庭成员、自己的喜好、身上的器官等等。在活动展开过程中，孩子们对自己从哪里来，产生了极大的兴趣，并展开了热烈的讨论。阳阳："我是孙悟空！是从石头里蹦出来的！"囡囡："妈妈说我是从肚子里跑出来的。"聪聪："不对，你们都是妈妈捡来的。"一些家长们也普遍反映孩子老缠着问自己从哪里来，搞得自己不知如何解释好，最后索性就随便应付着回答。

## 背后那些理儿

### 1.孩子好奇心强，对新鲜的事情喜欢刨根问底

孩子的好奇心十分强，对于不了解的东西总是有很高的热情与求知欲。孩子好奇的事情大概可以分为两种。一是对周围世界的好奇，比如孩子总喜欢问："这是什么呀？""那个是什么呀？""汽车为什么可以跑呢？"孩子周围世界的种种对于他都是如此新鲜，总有很多有趣的事物吸引着他的注意。另一种是孩子对于自身的好奇，孩子会好奇自己的长相，会摸摸自己的小手、小脚，扯扯其他小朋友的头发，当然也会好奇自己到底从哪里来。因为"我从哪里来"对他来说实在是一个很神秘的事物，他从未了解过。

### 2.孩子自我意识的发展

积极自我意识的形成是人的发展的核心。孩子年纪虽小，但自我意识已经萌芽，并迅速发展着。特别进入幼儿园后，社会交往活动的不断拓展，孩子更加意识到自身作为一种独特、与周围世界紧密联系个体的存在。在各种各样的活动中，孩子不断建构对自我的认识，包括："我是谁？""我从哪儿来？""我是怎样的人？""我和周围世界有什么联系？""小伙伴、老师、爸爸妈妈喜欢我吗？"……

### 3.成人对问题的回避，使得孩子的认知冲突得不到解决

当孩子问道："我从哪里来？"成人常常由于怕尴尬、怕麻烦等原因，随便一两句话就解释了，甚至编一些故事抑或是谎话来敷衍孩子。成人的这些做法，使得孩子对生命形成的认知冲突并未得到解决。孩子的求知需求未得到解决，就会不停地

问。若成人再用强硬的态度制止，这其实是打击了孩子的学习愿望与积极性，不利于孩子的后续学习与发展。

## 我们那些招儿

### 1. 家长可以这样做

◎ 对孩子的问题表现出耐心，鼓励孩子刨根问底

孩子的好奇心给家长提供了很好的了解自己孩子并与其交流互动的机会。家长不用回避这个问题，反而可以充分地与孩子进行交谈，回答他所有的疑问。一定要有耐心，不要轻易敷衍孩子，如果一时不知如何说起，也可以先鼓励孩子先说说自己觉得自己从哪里来。

◎ 不欺骗孩子，尝试用爱的方式跟孩子解释

不要试图编故事去骗孩子。更不要用一些消极的语言去敷衍孩子，例如："你是我们从垃圾桶里捡回来的。"孩子正处于安全感建立的关键时期，对父母的依恋以及归属感对孩子的身心发展有很大影响。消极的谎言不仅使孩子错失获得自我意识的良好机会，更可能使孩子感觉孤独，缺乏安全感。家长可以告诉孩子事实，语言可以生动形象、富有爱的意义，使孩子感受到来自爸爸妈妈的爱，获得对于家庭的归属感。例如，可以说："宝宝，你是爸爸妈妈爱的种子，爸爸妈妈很爱你，就一起在妈妈肚子里种下了爱的种子，就是你。你在妈妈肚子里很安全，妈妈爱护着你，照顾着你。等到你足够强壮，就从妈妈肚子里蹦出来了。"

◎ 一起看相关的图画书和电视节目

如果实在不知道如何用语言解释，可以选择和自己的孩子阅读相关的图画书，观看相关的电视节目。除了一些纪录片，动物世界节目相对有趣，其中动物孕育宝宝的活动是很好的解释与类比，和孩子一起看这样的电视节目，在观看过程中与孩子一起讨论。让孩子感知生命的形成，同时也可以意识到人与动物间的联系。

◎ 解释尽量简单、正面

不必急于一时地、大量地给孩子普及相关的性教育知识，因为孩子并不是真正想了解两性间的关系和人的生物机能等等。所以，不需要将解释复杂化。尽量给孩子简单、正面的解释，只要能满足孩子的好奇心与欲望就好。

### 2. 教师可以这样做

◎ 组织角色游戏

孩子在角色游戏中常常会模仿成人的行为，从角色游戏中习得符合社会要求的行为规范。教师可以组织医院的相关角色游戏，例如"宝宝出生啦"。在游戏过程中，孩子可以慢慢意识到人都是母亲生产而来以及感受其中的过程。依据孩子

的需求,教师在游戏中可以向孩子解释人类的孕育,进行适当的性教育。

◎ 展开相关主题活动

"我从哪儿来"并不是一个单独割裂的问题,它与孩子的自我认识息息相关,因此,教师可以展开相关的主题活动,不仅认识"我从哪儿来",还要认识"我是谁"、"我是怎么样的"……在整个过程中,孩子认识自己的身体、认识同伴的特征、分享自己的家庭及成员。在这一系列的活动中,孩子完善着对自我的认识,自然而然可以更好地理解"我从哪儿来"这一类的问题。

◎ 鼓励孩子自主研究、探索

"我从哪儿来"是孩子发展过程中普遍感兴趣的话题,除了直接告诉孩子相关的知识之外,可以鼓励孩子自己探索、寻找答案。例如,查找相关的图画书,观看动画片、电视节目;询问爸爸妈妈、医院的叔叔阿姨等等。教师帮助孩子通过各种途径获得信息,并鼓励孩子利用图画、符号、故事等形式交流、分享收集的相关信息。

# 24 孩子爱撒谎，怎么办？

## 宝贝那些事儿

吃完水果后，老师发现厕所里有一块苹果，老师叫来小朋友询问，没有人知道是谁丢的。第二天吃水果的时候，老师看到乐乐去上厕所，然后悄悄地把藏在手里的一小块梨子丢进了厕所。老师叫来乐乐问："厕所里的水果是不是你丢的？"乐乐有些慌张，但仍大声地说："不是我丢的，我也不知道是谁丢的。"

## 背后那些理儿

### 1. 儿童认知发展的结果

随着孩子年龄的增长，认知水平得到了一定的发展。他们开始从具体动作、具体形象中脱离出来，象征性功能逐渐出现。这个阶段的孩子出现了象征性游戏，比如，他们会拿起条形玩具假装是电话放在耳朵边上，给上班的妈妈打电话；他们会拿积木当"枪"，会拿雪花片当"菜"等。当孩子"撒谎"时，有时是一种想象，或者想象与现实分不清楚，说明孩子长大了，认知水平得到发展了。

### 2. 为了逃避批评和惩罚或从谎言中获利

孩子说谎话，很多时候都是"被逼的"。成人对孩子的教育方式过于严厉，当孩子做错事后，他们便会用说谎来掩饰自己的错误，逃避成人的责骂和惩罚。久而久之，孩子出于自我保护的目的逐渐学会了撒谎。

孩子撒谎有时是为了满足自己的虚荣心或达到某种目的。随着年龄的增长，孩子已能意识到自己所说的与实际情况有出入或者是虚构的，但因虚荣心作祟促使孩子去说谎。在幼儿园，孩子处于同龄人的群体中，在群体中交往和生活，自然地，孩子间相互的竞争和比较就不可避免。孩子为了取得心理优势，满足自己的虚荣心而说谎。比如：多多对奇奇说："我今天吃了3碗饭。"奇奇不甘示弱地说："我吃了5碗饭。"多多忍不住说："我吃了一百碗饭！"

### 3. 家庭教育方式不当

父母是孩子的第一任教师，是孩子最初模仿的榜样。当孩子发现自己至爱的爸爸妈妈经常撒谎或者不遵守承诺时，孩子自然而然也就学会了撒谎，而且他们会认为撒谎是很正常的行为。如爸爸妈妈为了让孩子今天去幼儿园，就骗孩子说："今天去一天，明天就不去了。"但实际上到了明天，孩子还是要去幼儿园。

有些孩子撒谎是因为他曾经有过因说真话而被父母责罚的经验，于是他就开始学会说谎。还有些孩子撒谎是因为当他撒谎时，家长不注意场合，不分轻重训斥或打骂孩子，结果使孩子破罐子破摔。

## 我们那些招儿

### 1. 家长可以这样做

◎ 善待孩子，建立良好的家庭关系

良好的家庭关系是孩子轻松信任的前提。家人应该放松心情，表现出和蔼、友善的态度与孩子接近。孩子与家人的亲密关系、相互信任和依赖程度以及情绪、情感体验等，会为其良好社会认知的形成提供基础。良好家庭关系的建立，让孩子感受到心理上的安全，遇到问题以后孩子才会愿意告诉父母，因为他们知道父母不会一味地责骂，而是会帮助他们一起面对问题，解决问题，即使做错了事。

当发现孩子所说的话与事实不相符时，我们不能急躁，更不能断然认定孩子在撒谎，而要通过分析了解，以启发、引导的方式，使孩子明白对与错、是与非，指导下次如何去做。

◎ 以身作则，灌输正确的道德观

一方面，作为孩子的第一任老师，家长的表率作用是很重要的。家长首先应当在诚实正直方面为孩子做个表率，并且用诚实和正直的态度对待孩子，让孩子信任父母、依靠父母，不必害怕说出真实情况而受罚，并以父母为榜样。

另一方面，父母不能忽视孩子说谎的严重性，特别是最初孩子在一些小事上偶尔说谎时，父母切忌一笑了之，这实际上等于赞许和鼓励这种行为。要言传身教地教育孩子任何形式的不诚实都是不道德的，于己于人都是有害的。让孩子从小形成正确的道德观、是非观。

◎ 放平心态，积极解决问题

当发现孩子撒谎时，家长不要轻易地给他们扣上"你说谎"的帽子，这样容易使孩子受不了，而是要耐心和孩子沟通，和孩子一起分析事情发生的原因。告诉孩子，家人喜欢诚实的孩子，虽然不希望他做错事，但更不希望他撒谎。理解孩子犯错误的动机，包容孩子的错误结果，给予孩子改正的机会，鼓励孩子主动承认错误并改正。在教育过程中，不要激起孩子心理、行为的抵触和对立情绪，尽量用孩子可以接受的方式来教育他们，让孩子认识到说谎的错误，这样才能使孩子成为诚实的人。

**2. 教师可以这样做**

◎ 循循善诱，合理奖惩

帮助孩子认清撒谎的危害，《狼来了》的故事能让孩子们清楚地认识到撒谎的后果，让孩子明白撒谎的人即使最后说了实话也没人相信了。

帮助孩子认识到撒谎不会成功，即使蒙骗过关，也不过是暂时的。而诚实会减轻对他过失的惩罚，撒谎则会受到更严厉的惩罚。同时，教师还应给予诚实的孩子及时的鼓励与奖励，和孩子们共同创设受欢迎的诚实儿童形象，增强孩子向榜样学习的愿望，以减少撒谎行为。

◎ 注重家园联系，保持教育一致性

当发现孩子撒谎时，教师要经常与家长联系沟通，对孩子进行协调一致的教育，要是互不通气，各搞一套，就会相互抵消，事倍功半，还会严重影响孩子的健康成长。

# 25 孩子喜欢表扬，怎么办？

## 宝贝那些事儿

玉玉是老师们公认的乖乖女，温和、有礼，对自己要求严格，活动中思维活跃，发言积极，经常得到表扬，也是小朋友心中的榜样。可近段时间，她变得不爱主动举手发言，老师叫到她，她能回答，但却不会主动举手。问她为什么，她支支吾吾不愿意说。后来老师通过和玉玉妈交流，才知道了其中的原因——原来玉玉是害怕答错得不到老师的表扬，一定要觉得自己想得很好了才愿意来回答。

## 背后那些理儿

### 1. 幼儿期是孩子自我认识、自我评价形成的重要时期

来自成人适度的表扬有利于孩子形成正确的自我意识，增强孩子的自信心。

### 2. 适时适度的表扬能强化孩子的正确行为

给予孩子积极发展的巨大动力，能激励孩子不断做得更好，让孩子获得愉快成功的心理感受。

### 3. 不适当的表扬对孩子的发展可能产生负面作用

一是过度的表扬可能会使某些孩子产生太大的压力，使孩子对自己期望过高，以致难以承受。如案例中的玉玉。二是过度表扬可能让某些孩子自我认识发生偏差，表现为自以为是，骄傲自满，总觉得自己什么都很能干，听不得一点意见和批评。三是不合实际的盲目夸大表扬孩子有可能导致孩子的自我怀疑，反而使孩子不自信。

## 我们那些招儿

### 家长、老师可以这样做

◎ 真诚表扬勿敷衍

带着真情实感，发自内心的表扬才能让孩子感受到你是真正的欣赏和赞美，才能让孩子接受你的表扬，获得快乐和成功的感受。相反，敷衍随意的表扬会让孩子感觉你不真诚，甚至感觉你虚伪，孩子会感到内心失落或受伤。

◎ 具体表扬不空洞

表扬孩子时，应针对孩子的具体行为或事件，这样才能让孩子明白为什么得到表扬，强化孩子做得好的行为，例如，孩子玩玩具后把玩具收拾得整整齐齐。你表扬说"你真乖""你真棒"就不如表扬说"你把玩具收拾得这么整齐，这样做真好！"

◎ 及时表扬不延迟

对孩子应该表扬的行为事件，要及时表扬，才能发挥更好的强化和激励作用，使孩子获得的快乐感、成功感更强。相反，延迟表扬会淡化孩子的内心感受，甚至让孩子弄不清楚为什么受到了表扬，因此不能发挥表扬的激励作用。

◎ 因人而异促发展

根据孩子年龄的不同和性格特点的不同，表扬的频率、内容和方式都应该有所不同，对年龄小的孩子，表扬更多一些，受表扬的事件在成人看来也更容易简单一些；年龄大一些的孩子，受表扬的事件可能更复杂一些，努力的程度需更大一些。对性格内向、胆小，能力较差、自信心不足的孩子要多多表扬，以此增强他们的自信心，反之对自我感觉良好、虚荣心强、骄傲自满的孩子则要有节制地运用表扬，否则将会助长他们的不良性格，影响他们的进步和成长。

只有恰当的、符合事实的表扬才会真正对孩子发展有益，每个孩子都有自己的特点，家长、老师要用心地体察、了解孩子，有的放矢，才能使孩子在老师、父母适当的表扬声中学会自信、进取、探索和自我激励。

# 26 孩子犯错，该怎么批评？

## 宝贝那些事儿

张老师看见东东拿着油画棒在桌上乱涂乱画，非常生气，厉声批评他说："你是傻的呀？怎么能在桌上乱画呢？老师讲过多少次了，你怎么就记不住呢？""说，你这样做对不对？""不对。"东东惶恐地看着老师回答。"你自己说该怎么办？"老师大声问道。东东说："老师我错了，我再也不乱画了！""每次都是这样，承认错误快得很，但就是不改正！"老师生气地批评道。"这次我真的要改了，你原谅我一次吧！"东东请求说。"你说，不改怎么办？""把他送到小班去！""用他的衣服擦桌子！"有的孩子大声说道。"老师，我真的不乱画了，我不到小班去！"东东眼泪都流出来了。"好吧，再相信你一次，下次不改正就用你的衣服擦桌子！记住了没有？""记住了。"……可是没过几天，这样的事情又发生了。

## 背后那些理儿

### 1. 批评是一种教育方法

幼儿期由于其是非分辨的能力和自我控制能力不强，常常会犯这样那样的小错误，家长老师常常会采用批评这一教育方法。批评的根本目的在于帮助孩子认识到自己的错误，形成正确的是非观念，养成良好的行为习惯，形成正确的处事方法及态度。

### 2. 批评是把双刃剑

用得恰当，批评是一剂良药，能让孩子改正缺点、纠正错误，提高孩子的心理耐挫能力，对孩子完整人格的塑造有积极意义。用得不当就会伤害孩子的自尊和自信，让孩子产生自卑、紧张、害怕、反感抵触的心理，或使孩子变得麻木叛逆。

## 我们那些招儿

### 1. 家长可以这样做

◎ 正确认识批评的作用，适度运用批评

既不要觉得孩子小，不管做错什么事都不批评孩子，也不要要求孩子太严格，随时随地批评孩子，把批评话语挂在嘴边。尤其当老师批评孩子后，不要认为老师不喜欢孩子而情绪不满。

◎ 让批评成为孩子阳光心理成长的营养剂

关注自己孩子的性格特点、行为习惯、交往方式，运用适宜的批评方式。让孩子知道任何人都会犯错误，都会被批评，批评是为了让人改正错误，做得更好，只要改正了缺点和错误，家长和老师都会非常喜欢。

**2.教师可以这样做**

◎ 客观公正勿偏见

教师应客观公正地对待每一位孩子，不带偏见地进行教育，既要看到孩子的缺点，又要看到其长处，依据实际情况作出评价，避免以偏概全，用有色眼镜看孩子，给孩子贴上"标签"。

◎ 了解事实勿盲目

当孩子犯错误以后，教师要深入了解孩子犯错的原因和动机，问一下为什么，给孩子解释说明的机会，了解事实真相。有时孩子是好心办了坏事，我们不能抓住事情表面现象，盲目地批评孩子。如上述案例中，老师就应该问问孩子为什么在桌子上画，而不是劈头盖脸地数落、指责。

◎ 就事论事勿牵扯

当孩子做错以后，老师应就此次事件对孩子进行批评，让他明确为什么错了，错在哪里，应该怎样做。不可就此事牵扯以往的过错，否定孩子的一切。否则会让孩子情绪很沮丧,会认为老师从心里面不喜欢他,产生排斥和抵触情绪。上述案例中老师说"每次都是这样,承认错误快得很,但就是不改正!"这样的话就不应该说。

◎ 语言适当勿过激

批评的语言过于偏激,会给孩子心灵造成伤害。当孩子发生过错时,批评要冷静,不能大喊大叫,不能挖苦讽刺,伤害孩子自尊。上述案例中老师就有失冷静,语言也欠妥当。

◎ 情感真诚勿冷漠

在批评的过程中,应让孩子感受到你对他的担心和强烈的关爱,感受到错误带来的危害,使孩子产生内疚和改过之意。而不应该让孩子感觉冷漠、厌恶和排斥之情。

◎ 方法多样勿单一

批评孩子,要根据孩子的年龄、性格特点、时间、地点的不同而采取不同的方式方法。如:不在一大早就严厉批评孩子,这样可能影响孩子一天的情绪及行为表现。也不宜在大庭广众之下厉声批评,这样会伤孩子的自尊。

对于胆小、缺乏自信、对自己要求严格的孩子批评的态度应温婉一些,主要是指出错在哪里,危害是什么,应该怎么做;对性格倔强、暴躁易怒的孩子批评应该以商讨的方式,促进其冷静思考并接受批评;对顽皮、屡犯的孩子可以严肃、严厉一些。

对于较大的、成熟的孩子,我们可以讲道理;对于小的、稚气的孩子,我们可利用孩子具有泛灵心理的特点,运用拟人化的语言给孩子讲道理,这样他们更容易接受。如上述案例中:老师可说你怎么能把画画到桌子的衣服上呢。你把桌子的衣服弄得那么脏了,它会好难过的!

◎ 家园沟通增效力

老师批评孩子后,一定要主动和家长沟通,让家长了解事情的经过及批评处理方式、孩子的态度等,使家长明白事实真相,理解老师的用心和方法,避免产生误会,同时也有利于家长回家后能对孩子进行有效的教育和开导,从而使家园统一,增强教育合力。

# 27 孩子阅读后不会复述内容和表达观点，怎么办？

### 宝贝那些事儿

琪琪是一个很文静的女孩儿，很喜欢看书，每次区角自选活动她几乎都选择到阅读区去看书。可是每次我们问她"书里讲了什么？""如果你是主人公，你会怎么办？""为什么这个人要这样做？"等等问题的时候，琪琪总是摇头，不知道该怎么回答。

### 背后那些理儿

#### 1.幼儿胆小怕说错，不敢大胆表达自己的想法

其实孩子内心是有自己的答案的，可是他们害怕说错后受到成人的批评，所以不愿意回答成人提出的稍微有点难度的问题。这是以前的表现长期受到压制之后缺乏自信心的表现。

### 2. 阅读过程缺乏问答互动

孩子阅读的特点和成人不一样，他们更喜欢在阅读中讨论。而且他们的阅读能力有限，注意力不持久，更需要成人在旁引导，启发他们观察图画，通过问答的方式将阅读引向深入。

### 3. 阅读内容低于孩子年龄特点和心理需求

许多成人在给孩子购置图书时并没有太多地考虑孩子的年龄特点，适合中班和小班孩子阅读的图书在故事情节、人物特点及教育意义等各方面对于大班孩子来说都太浅，没有深度讨论和思维挑战的空间。

## 我们那些招儿

### 1. 家长可以这样做

◎ 加强与孩子的言语互动

在亲子阅读时，家长要力求使用结构完整、生动活泼、句式多样、词语优美的语言，以便于孩子从家长那里获得正确、丰富的表达方式。可以给出简单的语言提示，通过各种提问，引导孩子在家长问话基础上推导出新的语言，并能够对孩子所说的新语言及时给予反馈。也可以使用原因问题、对错认知问题、创造性问题和生活实际问题等容易引发讨论的问题，与孩子建立多重言语互动。

◎ 重视阅读中的提问和回答

阅读过程中可以对阅读材料、阅读方法、具体画面、故事情节发展、续编故事等进行提问。对于孩子的回答，家长应允许孩子有自己独到的见解，提问的目的在于鼓励孩子认真思考、勇于探索、积极参与。作为有效的亲子阅读，可以是孩子提问，父母回答；也可以是父母提问，孩子回答；还可以是自问自答。

◎ 选择适合大班孩子的图书

内容应符合大班孩子的心理特点和年龄特点。故事取材要贴近生活，语言要简单、生动、形象，富有口语化、音乐感和诗意。大班孩子在阅读方面已有一定经验，此时应重视孩子对不同图书的独特理解和感受。因此，阅读对象不仅是单一的童话故事，还要引入其他多种读物。体裁上应有寓言、童话、诗歌、散文等；题材上应有生活常识、人文关怀、科普读物等。

### 2. 教师可以这样做

注重培养孩子初步的元认知能力——反思能力、预测能力、质疑能力和假设能力。

◎ 反思能力有利于孩子对阅读内容的理解

在孩子基本了解故事的内容后，教师可多用反问句等具有疑问语气的句式，要求孩子反思，"故事的内容是这样吗？""这个人是这样做的吗？""是先这样做，然后再那样做的吗？"等等。

◎ 预测能力可以帮助孩子比较快速的理解阅读内容

教师应先提一些问题，在确信孩子已基本了解故事内容后再使用创造性提问，"你猜猜以后会发生什么事？""他以后会怎样？"等问题引发孩子对之后的故事内容的猜测。

◎ 质疑能力促使孩子比较深入正确地理解阅读的内容

听完故事或看完图书之后，问一问"为什么这个人会这样做""为什么这件事情会发生"，养成思考为什么的习惯，有助于孩子在阅读时寻找到事件发生发展的某种原因，比较深入正确地理解阅读内容。

◎ 假设能力对孩子未来的阅读和写作产生良好作用

听完故事或看完图书之后，可以让孩子假设换一个条件或情景，故事里的人或动物会怎样。教师可多运用"如果你是主人公你会怎么办？"等创造性问题要求孩子改编故事情节，增添故事人物。

# 28 孩子做事情不专注,怎么办?

## 宝贝那些事儿

铭铭是个活泼好动的孩子,他接受能力特别强,只要是用心去记他能够很快记住学习内容。这天上课老师在教孩子们唱歌,他只学了两遍,便开始坐不住了,和同桌孩子讲话,招惹邻近的孩子,玩弄座位周围区角的教具……

## 背后那些理儿

### 1. 家长教养态度

一些家长教育方式不当,提供太多刺激给孩子,进行负强化,没有培养孩子规律的生活习惯等。另外家长对孩子要求过高,孩子进步的程度跟随不上家长要求。

### 2. 孩子注意力发展水平

心理实验表明:3 岁孩子注意力可维持 3～5 分钟,4 岁孩子注意力可持续 10 分钟,5～6 岁孩子注意力持续在 15 分钟左右。年幼的孩子不能长时间保持注意力,他们的注意力易受干扰,他们很难抑制与任务无关的思维活动。一般来讲,孩子的年龄越大,能够坚持在一件事情上的时间就会越长;越小的孩子越难以保持注意力集中。

### 3. 活动内容是否适合孩子的年龄特征

老师与家长设置的活动是否吸引孩子、是否能激发孩子的主动性、孩子有没有可操作的材料……也是孩子做事情是否专注的原因之一。此外,有的孩子为了引人注意,使人关心他,有意以行为吸引大人注意来达到目的。

## 我们那些招儿

### 1. 家长可以这样做

◎ 从小有意识地培养孩子专注力

家长应从小事着手,学会保护孩子的"专心"。例如,当孩子全身心投入玩游戏时,不要任意打扰、干涉和粗暴地打断。配合教师的教育方法,在家多让孩子做一些安静的事情,如绘画、写字、弹琴、看图书等。

◎ 提供一个安静、独立的空间，创设轻松、愉悦的环境

家长创设一个固定的玩游戏的空间，与成人的活动区域分开，大家互不影响，减少使孩子分心的外界事物。让孩子专心学习，首先要为孩子营造良好的家庭学习气氛，不要做分散孩子注意力的事。当家长在认真看书学习时，孩子也会效仿，孩子在学习过程中，家长就不要大声喧哗、电视声也不应开大、不要过度关心孩子，对他问这问那，更不要在孩子学习的地方接待客人，干扰孩子。

◎ 多带孩子外出，鼓励孩子参加各种活动

孩子总是对未知的事物有无限的兴趣，家长可带孩子多出去观察大自然、城市市容市貌等，帮助孩子确定观察任务，提出要求，引导孩子有序、有目的地观察，培养孩子的专注力。鼓励孩子多参加各种形式的活动，让他们在活动中发掘自己的兴趣，培养自己的专注力。

◎ 改变教养态度、观念

家里一旦有这样的孩子，要正视现实，不急不躁，接纳孩子的一切行为，不要过分责骂、惩罚或放任不管。原谅、容忍孩子的行为，观察他的改变，对他的要求一次不要太多。预防在先，在孩子出现不好的行为之前提醒他，以预防发生。教他们正确地做一件事，不要在做错之后再批评他。多注意孩子的长处，多表扬他的优点。

**2. 教师可以这样做**

◎ 动静结合

对于一些活泼好动的孩子可增加他们静的活动，减少他们动的活动。不一定要他们做得很好，也不要他们一次做时间太长。

◎ 尽量让活动生动有趣

在上课前教师要做好充分的准备，让活动生动起来。在活动进行中经常请不够专注的孩子起来回答问题，展示自己，教师尽量少讲，多把时间留给孩子探索、思考、操作、观察。

◎ 多跟孩子交流，了解孩子心中所想，摸清孩子的兴趣点

老师也可私下里问问这些孩子上课时不想听的原因，问问他们觉得老师怎样做他们会觉得比较有趣，再根据他们的回答来寻找对策。

◎ 强化良好行为，忽视、告诫或隔离、惩罚其不良行为

当孩子出现一些良好的行为或比以前有进步的行为时，如上课注意力比以前集中、小动作比以前减少时，给予表扬、奖励作为一种正强化。对孩子的某些不太严重的不良行为，可采取冷处理的方法，对一些严重影响他人的行为应给予批评或惩罚，告诉他正确的行为方式。

# 29 孩子遇到困难就退缩，怎么办？

## 宝贝那些事儿

数学活动中，孩子们在学习写数字 4，欣悦连续写错了 3 次，于是，她撅起小嘴说："我不会！"任凭老师怎么劝说，她就是不写了，开始拒绝学习。

建构活动中，丁丁正在用积木搭房子，搭了几次，房顶都不牢固，很快就垮下来了，于是丁丁一把将已经搭好的下面部分推倒了。

体育活动中，奔奔正在和涵涵打羽毛球，奔奔连续有几次接不到球，于是大声嚷道："球都接不到，不打了。"扔下球拍就气呼呼地一屁股坐到了花台边，再也不动了。

## 背后那些理儿

### 1. 孩子遇到困难就退缩是早期家庭教养方式不当所致

孩子在成长过程中，可能会遇到各种各样的困难，家长如果主动去帮他解决，事事处处为孩子扫清障碍，就会让他形成理所当然由大人帮他解决的习惯，所以当他独自面对困难时就会畏缩。

### 2. 孩子遇到困难就退缩源于孩子心理承受能力差

一方面有可能是因为孩子抗挫折能力变得低下，害怕失败；另一方面也有可能是孩子获得成功感比较少，没有自信。

## 我们那些招儿

### 1. 家长可以这样做

◎ 家长提供机会，增强孩子的成功感和自信心

在生活中，父母万万不能事事为孩子代劳、包办。可以尝试让孩子做些他很容易就能成功的事情，然后给予热情的鼓励，让孩子多多体验成功的乐趣。遇到困难时父母也可以尝试鼓励孩子面对困难并想出解决办法，就算他想出的办法不是很好，也应该支持他、鼓励他，让他在下次遇到困难时能增加信心，相信自己能做好。

◎ 教会孩子自我鼓励

除了成人的鼓励可以提高孩子的自信心，孩子也应该掌握自我鼓励的方法。

自我鼓励其实是一种积极的自我暗示。例如：父母可以教会孩子对自己说"我能行的""我会很勇敢的"。这本身便包含了一种接受自我、肯定自我的态度，这种肯定的态度会转化成一种激励力量。

◎ 引导孩子合理宣泄挫折感

挫折会带来消极的情绪体验，要引导孩子通过合理的途径，把这种消极情绪宣泄出来，不要自我压抑，闷在心里，哭泣、大笑、运动、倾诉等都是宣泄的途径。但也要让孩子明白，宣泄的方式要合理，也就是说，在宣泄时不要影响和伤害他人。

**2.教师可以这样做**

◎ 帮助孩子分析原因，改变策略

在某些情境中，孩子遇到困难受挫是因为他们只是采用了一种方法或坚持了错误的方式，因而老师需要引导他们分析产生挫折的原因，尝试不同的方法，寻找恰当的策略，最终解决问题。

◎ 家园配合共进步

老师多向家长了解这种孩子在家里的表现和家庭教育观念，及时发现导致问题的原因，向家长宣传科学的教养观念，教给家长一些切实可行的措施。比如：在家锻炼孩子自己的事情自己做的意识和能力；鼓励孩子独立完成一些简单的任务，并对孩子的行为进行表扬，建立孩子的自信心；当孩子失败时不要批评惩罚，而要鼓励孩子改变策略再试试……通过家园共同配合教育，更有效地提高孩子面对困难和挫折的能力。

# 30 幼儿园不教拼音、汉字、加减法，孩子上小学能跟得上吗？

## 宝贝那些事儿

孩子们上大班了,心如的妈妈经常对老师说:"老师,怎么不教拼音啊？别的幼儿园都在教,那我的孩子上小学不就输在起跑线上了吗？"峰峰的爸爸也很着急:"老师,我的儿子就只会认几个简单的独体字,幼儿园能不能教一教？"瑞瑞的爷爷奶奶都是老师,孩子五岁的时候就在家里教会了孩子50以内的加减法,经常在家长们之间"炫耀",其他的家长听后都很着急:"老师,幼儿园能不能教教加减法,否则,我们孩子上小学能跟得上吗？"

## 背后那些理儿

### 1. 从孩子的年龄特点和身心发展规律来说，幼儿园的教育应坚持以游戏为基本活动

幼儿园不主张教拼音、汉字、加减法。孩子应该在玩中学、学中玩,这个时期的重要任务是让孩子养成良好的学习、生活习惯,形成好的情绪、情感和性格,这将使孩子终身受益。

### 2. 成人过于重视眼前利益所致

将小学内容提前到幼儿园阶段教给孩子,看到的只是眼前利益,忽视了孩子的长远发展。过早学习和重复学习容易导致孩子产生厌学情绪,家长和老师不可急功近利,要保障孩子们在幼儿园的"游戏权"。

### 3. 社会压力映射到教育领域的影响

现代社会竞争激烈,家长们普遍望子成龙、望女成凤心切,担心孩子输在起跑线上,再加上近些年来,应试教育压力层层下移,再加上有利益驱动,很多孩子从上幼儿园起就被套上了重重"枷锁"。对孩子进行拼音、汉字等"小学化"内容教学,俨然成了幼儿教育的通病。

## 我们那些招儿

### 1. 家长可以这样做

◎ 不妨提前接触一下拼音、汉字

知道拼音、汉字是什么，破除陌生感。家长可以找一些专业的书籍和光盘，让孩子接触一下，不用学得太多。

◎ 家长可在入学前几个月，有意识地多向孩子介绍一些小学里的学习、生活情况

包括学习哪些课程，每天上几节课、作息制度、上下课应该注意些什么、老师和同学们的相互关系等，使他对学习生活有一定的了解，并盼望自己做个小学生，从思想上作好入学的准备。

◎ 家长通过让孩子做一些简单的家务事，培养孩子生活自理能力

让他们自己叠衣服，自己吃饭、穿衣、整理房间等，提高孩子的生活能力，可以减少孩子初上小学的挫折感。

◎ 家长也可以让孩子多玩些安静的桌面游戏

家长可以让孩子搭难度较大的积木、看连环画、下跳棋、折纸等。锻炼孩子"坐得住、静得下来"的能力，为良好的学习习惯的养成打下基础，就不怕孩子在课堂上学不到知识。

### 2. 教师可以这样做

◎ 家园配合，共同正确认识问题

教师多向家长宣传科学的观念，教给家长一些切实可行的措施，家园共同配合，引导家长正确认识"幼小衔接"的目的：在于让孩子非常自然、顺利地适应小学的学习生活。幼儿园幼小衔接，主要是在学习习惯、生活习惯以及行为习惯、作息制度上衔接，更多的精力应放在孩子的心理准备和习惯养成上，而不是知识衔接。

◎ 采取措施，实施幼小衔接教育

如组织大班孩子到小学校园参观，让孩子对小学产生向往之情，并初步了解小学的生活。还可邀请资深小学老师到幼儿园向孩子家长进行"幼小衔接"讲座，普及一些孩子入小学前的知识，以排除家长的担忧和顾虑，同时提醒家长应该在哪些方面提早注意。另外，幼儿园可利用游戏活动，请孩子扮演小学生，体验真实的小学生活，比如课间休息、书包整理等。

◎ 不填鸭式地学习数字、拼音和书写

这并不意味着在幼儿园的教学中完全不涉及。事实上，即使幼儿园不专门教授这些内容，孩子在学习活动、游戏活动、同伴影响、环境熏陶中也会掌握一些这方面的知识。